350 Knoten

350 Knoten

Hetty Mooi

Hörnemann

Originaltitel: 350 Knopen
Originalverlag: Cantecleer B. V.,
de Bilt, Niederlande
Deutsche Bearbeitung Rolf Bünermann
Deutsch von Heinz Johnen

© by Cantecleer B. V., de Bilt 1974
Alle deutschen Rechte beim Hörnemann Verlag,
Bonn-Röttgen 1977
Gesamtherstellung: Mohndruck
Reinhard Mohn OHG, Gütersloh
Printed in Germany
Buchnummer 239/02006
ISBN 3–87384–206–8

Inhalt

Vorwort

Seit Jahren interessierte ich mich für alles, was mit Knoten und Knüpfen zu tun hat. Das begann, als wir unser erstes Boot kauften. Anfangs mühte ich mich mit „Altweiberknoten" ab, aber das genügte mir bald nicht mehr. Ich lieh mir allerhand Bücher und lernte bald, wie man besetzt, spleißt und welche Handgriffe man machen muß, um all das Tauwerk auf einem Schiff zu bedienen.
Später dann beschäftigte ich mich – vor allem in meiner Eigenschaft als Lehrerin – besonders mit Makramee (die Engländer sagen „Sailor square knotting" dazu). Zu diesem Thema habe ich schon zwei Bücher veröffentlicht. Deshalb faßte ich den Plan, ein größeres Buch zu schreiben, das möglichst viele Knoten beschreibt. Meine früher erworbenen Kenntnisse konnte ich dabei gut verwenden. Doch war unendlich viel Lektüre in Nachschlagewerken nötig, um eine gewisse Übersicht zu bekommen und um die Geschichte der Knoten bis in die ältesten Zeiten zu untersuchen. Das Ergebnis dieser Arbeit liegt vor. Ich kann nur hoffen, daß es dem Leser genausoviel Vergnügen beim Knoten verschafft wie mir. Abgesehen davon, daß ich mich oft vor einen Gordischen Knoten gestellt sah, den ich nicht einfach mit dem Schwert durchschlagen, sondern den ich mühsam entwirren mußte, und abgesehen davon, daß es dem Leser wohl manchmal auch so geht, muß ich doch sagen: das Spiel mit Knoten ist so faszinierend, daß wohl jeder seinen Spaß daran haben wird. Besonders zu Anfang empfiehlt es sich, die Anleitungen genau zu befolgen.

Hat man dann nach einiger Zeit etwas Erfahrung beim Knüpfen, wird es nicht schwer sein, seiner Fantasie freien Lauf zu lassen und die vorgegebenen Knoten abzuwandeln.
Ich hoffe, daß dieses Buch dazu die nötigen Anleitungen geben kann.

Hetty Mooi
Amsterdam

Zum Thema
Knoten und Knüpfen

Knoten und Knüpfen, das ist eine Beschäftigung, die der Mensch ganz von selbst beginnt, wenn man ihm das entsprechende Material in die Hand gibt. Schon seit Urzeiten haben sich alle Völker mit Knüpferei beschäftigt, meistens waren es zweckgebundene Gegenstände, die sie fertigten. Zu Anfang benutzten sie den Knoten nur als schlichten Binde-Knoten. In Ländern, die keine engere Beziehung zum Meer hatten, brauchte man Knoten, um Jagdnetze zu knüpfen, um die Pfähle für den Hausbau miteinander zu verbinden oder um Matten zu flechten für die Dächer der Hütten. Seefahrende Völker benutzten Knoten, um ihre Schiffe anzubinden, wobei es darauf ankam, daß sie auch beim Wechsel von Ebbe und Flut sicher an ihrem Platz lagen. Auch in der Flußschiffahrt gewann der Knoten bald große Bedeutung beim Bau und der Ausrüstung von Schiffen sowie bei der Herstellung von Fischernetzen. In der Frühgeschichte beispielsweise benutzte man Papyrusfasern als Material, wie es Thor Heyerdahl mit seinem Floß „Ra" bewiesen hat.

Später dann, als die Menschen schon etwas mehr Freizeit hatten und die Knoten nicht mehr allein Hilfsmittel beim Kampf ums Dasein waren, wandelte sich allmählich die Zweckbestimmung: von nun an knüpfte man Knoten auch zum bloßen Zierat. Bekannte Beispiele liefern alte Pferdegeschirre, Peitschen und dergleichen.
Vor allem in der Seefahrt findet man zahlreiche Beispiele für den Zierknoten: es gab ja nur Segelschiffe. Geriet solch ein Schiff nämlich in eine Flaute, nutzte man die Zeit, um das Tauwerk zu überprüfen und zu reparieren. So kam es wie von selbst, daß man auch Tauenden verzierte, Persenninge, Wanten, Kauschen und Fender mit Tauwerk verschönerte. Auch die Kajüten machte man wohnlicher mit Fußmatten (aus Heeringsknoten geflochten) und Hängematten. Später benutzte man diese Heeringsknoten auch an Land, um Matten anzufertigen.
Den Höhepunkt dieser Entwicklung konnte die Knüpferei dann erreichen, als die Segelschiffe noch keine allzu große Geschwindigkeit fuhren. Mit den schnellen Clippern und später mit den Dampfschiffen schwanden langsam aber sicher auch Zeit und Muße, sich an Bord mit Tauwerk zu beschäftigen. Nur das Notwendigste wurde noch getan, aber die meisten Schiffe waren nicht einmal mehr mit Tauwerk ausgerüstet. Die Tradition des Knüpfens setzte sich nur noch in jenen Ländern fort, wo die Schiffe angelegt hatten. Dort war die Knüpferei noch in verschiedenen Formen verbreitet, häufig nur in dekorativer Form. Auch im Segelsport ging die Kenntnis der alten Knoten bis heute nicht verloren.

Obwohl der Beschäftigung mit Knoten auf See also mehr oder minder der Garaus gemacht wurde, hat sich die Knüpferei an Land weiter entwickelt. Nicht nur in jenen fremden Ländern, wohin es einst die Schiffe verschlagen hatte, sondern auch in jenen Teilen der Welt findet man merkwürdigerweise manchmal dieselben Knoten, die mit den anderen Ländern nie Verbindung hatten. Besonders in Fischerdörfern beschäftigten sich die Frauen nicht nur mit dem Knüpfen von Fangnetzen, sondern sie flochten auch Matten, knüpften Tücher und Vorhänge. Beispielsweise findet man besonders in südlichen Ländern häufig die Hauseingänge durch Knotenwerk verziert. Kurioserweise finden sich bis heute in unserer Sprache Ausdrücke und Redewendungen, die aus der Terminologie des Tauwerks stammen: einen Knoten ins Taschentuch machen, der Gordische Knoten, eine Sache ist verwickelt, ein Knäuel entwirren, ein Knoten im Hals, jemanden an der Leine halten, den Faden überspannen und dergleichen mehr.

Aber nicht allein in der Seefahrt gibt es die wichtige Funktion des Knotens. Auch in vielen anderen Berufen benutzt man sie. Man denke nur an die Möbelpacker und Zimmerleute, die mit ganz bestimmten Knoten ihre Lasten und Balken befestigen, um sie hochzuhieven.
In manchen Ländern findet man dieselben Knoten, bloß unter anderen Namen. Deshalb muß an dieser Stelle betont werden, daß der Leser sich nicht an einem bestimmten Namen stören soll. Der Name ist nicht das Wichtigste. Viel wichtiger ist die Erkenntnis, daß Knoten und Knüpfen gar nicht so schwer ist; denn es ist eine Beschäftigung, die über die Jahrhunderte hinweg überall auf der Welt ausgeübt worden ist, und zwar im Volk, keineswegs von hochgebildeten Spezialisten. Außerdem muß man sich klarmachen, daß praktisch sämtliche Knoten aus einigen Grundknoten entstanden sind, aus denen man mit ein paar Grundgriffen viele tausend Knoten aufbauen kann. Dieses Buch hat sich deshalb vorgenommen, nur diese Grundknoten und -griffe gründlich zu behandeln und mit Zeichnungen und Text die Möglichkeiten aufzuzeigen, wie man diese Grundknoten für sich selbst noch weiter ausbauen kann. Außerdem haben all diese aufgeführten und wieder abgeleiteten Knoten an die hundert verschiedene Namen, je nach Land oder Beruf, hier sollen nur wenige genannt werden. Die Hauptsache ist das Knoten selbst und daß man lernt, daß es noch tausend Möglichkeiten gibt, sie zu verändern, wenn man nur einige Grundgriffe beherrscht.

Einteilung der Knoten

Man teilt die Knoten in verschiedene Gruppen und Arten ein. Oft hängt die Einteilung davon ab, welche Funktion der Knoten hat. So kennt man die zweckgebundenen Knoten, die man benutzt, um etwas hochzuhieven, fest- oder anzubinden. Und man kennt die Zierknoten, die mehr ornamentalen, dekorativen Zweck haben. Je nach Zweckbestimmung soll hier versucht werden, eine sinnvolle Einteilung zu finden. Dabei wird dem Leser auffallen, daß einige Knoten mehrere Funktionen haben können und in verschiedenen Gruppen zu finden sind.

Man kann unterscheiden in:
- offenen Knoten
- Verbindungsknoten
- Bindeknoten
- Schlingenknoten
- Zierknoten
- Wurfleinenknoten
- Endknoten, einfache und mehrfache
- Zwischenknoten
- Matjes- oder Heeringsknoten
  a) gebildet durch ein Ende, das mehrere Male doppelt genommen ist,
  b) gebildet durch mehrere Enden
- Kürzungsknoten und Maschenknoten, die man zusammenziehen oder verschieben kann.

Bei den Abbildungen wird man von selbst erkennen können, unter welche Gruppe ein bestimmter Knoten einzuordnen ist. Das hängt natürlich auch davon ab, welche Funktion ein Knoten jeweils in einem bestimmten Werkstück übernehmen soll.

Werkzeug und Material

Zum Knoten braucht man wenig Werkzeug. Wenn man nicht mit schwerem Material arbeitet, genügt meist eine geschickte Hand und eine Schere, die eine scharfe und eine stumpfe Spitze hat. Benutzt man dagegen schwereres Material, empfiehlt es sich, eins der folgenden Werkzeuge zur Hand zu haben:

● ein Marlspieker (Abb. 1);
das ist ein Priem aus Eisen, ungefähr 20 cm lang, es gibt ihn in verschiedenen Stärken. Der hier abgebildete Marlspieker hat eine Verdickung als Handgriff. Andere haben häufig einen hölzernen Handgriff. Ein Loch im Marlspieker hat den Zweck, eine Schnur hindurchzuziehen: man kann den Marlspieker dann um den Hals hängen und hat ihn immer schnell zur Hand. Manchmal kann man sich aber auch mit einem schweren, angespitzten Bolzen anstatt eines Marlspiekers behelfen. Der Marlspieker wird benutzt, wenn ein Tau viele Kardeele hat. Beispielsweise dann, wenn man beim Spleißen von Tauwerk die einzelnen Kardeele auseinander zwängen muß oder wenn man einen Knoten lösen will, der sich zu fest gezogen hat.

● ein Marlpriem oder Pricker (Abb. 2); das ist eine kleinere Ausführung des Marlspiekers. Man benutzt ihn bei der Arbeit mit leichterem Material.

● ein Messer, Taschenmesser oder Bootsmanns-Messer oder Segelmesser; ein gutes, scharfes Messer, am besten mit einer breiten Klinge, ist unentbehrlich bei der Arbeit besonders mit schwerem Material.
● ein Sortiment Segelnadeln; dies sind Nadeln mit einer dreikantigen Spitze, um Taklinge aufzunähen oder Fäden durch Taue hindurchzuziehen.
● Paketnadeln; dies sind Nadeln mit einer gebogenen Spitze, die scharf oder abgeplattet ist. Sie tun gute Dienste beim Aufnähen von Taklingen.

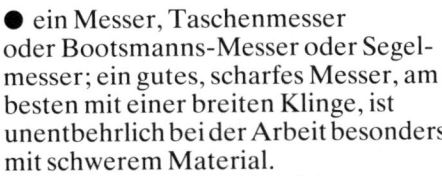

11

Fachausdrücke

Beim Umgang mit Knoten hat man mit Fachausdrücken zu tun, die eine sehr alte sprachliche Tradition haben. Die meisten Begriffe kommen aus der Seefahrt und werden noch im Segelsport verwendet. In diesem Buch werden sie benutzt, weil sie kurz und knapp verraten, was gemeint ist. Würde man sie umschreiben wollen, müßte man ellenlange Ausdrücke verwenden und träfe die Sache dann doch nicht genau. Man kommt also nicht umhin, sich Fachausdrücke einzuprägen bzw. anhand der Zeichnungen sich zu merken, was damit gemeint ist.

● das Ende (Abb. 3):
ist ein Stück Tau, Schnur oder Faden ohne bestimmte Länge. 20 Meter Tau können zum Beispiel „ein Ende" sein.

● Der Tampen (Abb. 4):
ist das Ende eines Endes, genauer: „ein Ende" hat also zwei Tampen.

● Die Bucht (Abb. 5):
das ist eine Krümmung oder eine Schleife in einem Ende. Hat man zum Beispiel ein Ende Tau von 20 Meter Länge und legt dieses Ende doppelt, dann erhält man zwei Parten von je 10 Meter, und an der einen Seite sitzt dann die Bucht. (Abb. 6)

● Die Part (Abb. 6):
so heißt das Längsstück zwischen zwei Buchten.

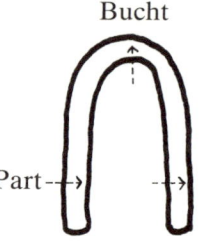

● Bucht mit einem offenen Auge (Abb. 7)

● Bucht mit einem geschlossenen Auge (Abb. 8)

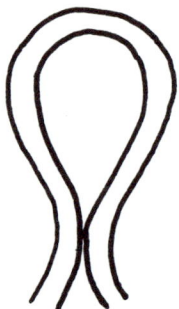

● Bucht mit einem Kreuzauge (Abb. 9)

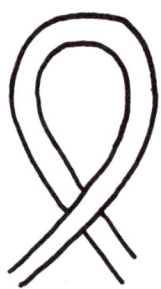

● Kinken (Einzahl: die Kinke)
sind unfreiwillig entstehende Augen,
die das Ende „unklar" machen, es
verwirren.

● das Kardeel (Abb. 10):
die Fasern werden zu einem Strang
geschlagen. Ein Strang oder mehrere
bilden ein Kardeel.

● Geschlagenes Ende:
dies ist ein Ende Tau, das aus mehreren
Kardeelen besteht. Die Kardeele
werden umeinander gedreht, eben
„geschlagen". Die Kerben zwischen
den Kardeelen nennt man „die Keepe"
(Einzahl, Mehrzahl: die Keepen)

● dreikeepiges Tau (Abb. 10):
ein Ende mit drei Kardeelen und drei
Keepen.

● die Keepe: (Abb. 10):
beim geschlagenen Tau ist diese Kerbe
spiralförmig zwischen den Kardeelen.

● Kardeelschlag:
dreikardeeliges Tauwerk

● Kabelschlag:
drei- oder vierkardeeliges Tauwerk,
das zu einem neuen Ende geschlagen
wird.

● Takelgarn:
sehr dünnes Tauwerk, zwei- oder drei-
kardeelig, das benutzt wird als Binde-
garn oder zur Herstellung von Taklings.

● Takling:
das Ende verhindert das Ausfransen
des Tampens.

● Rundschlag (Abb. 12):
auch Rundtörn genannt. Ein Ende
schlägt einen vollen Kreis um einen
Gegenstand (Stange oder anderes
Ende).

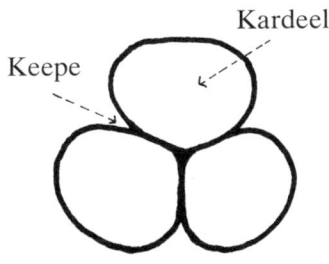

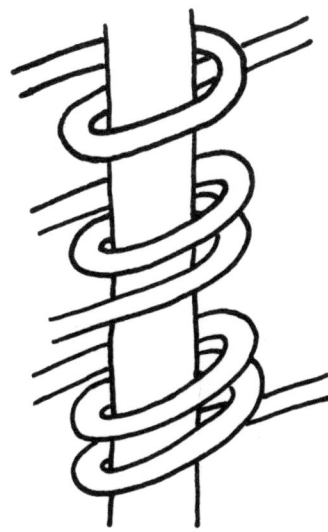

● Wantschlag:
vier Kardeele sind zu einem Ende
geschlagen, man sagt auch vierkardeeliges Tau.

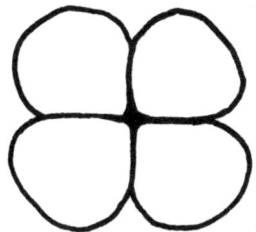

(von oben nach unten: einfacher,
eineinhalber und doppelter Rundschlag)

Befestigungen

Es gibt viele Möglichkeiten der Befestigung, wenn man Schnüre, Kabel oder Taue irgendwo anbinden will. Die eine Art der Befestigung läßt sich leichter lösen als die andere. Man kann ein Ende auf zwei Arten anbinden. Im ersten Fall schlägt man den Tampen um den Gegenstand, an dem man das Ende befestigen (seemännisch auch: „belegen") will. Im anderen Fall befestigt man das Ende so, daß es in zwei gleichlange Parten aufgeteilt wird. Hier sollen beide Möglichkeiten behandelt werden. Solche Befestigungen sind rein funktionell, können aber auch dekorativ aussehen.

Abb. 16 Befestigung mit einem halben Schlag. So sieht der Knoten aus, wenn er fertig ist. Diese Befestigung läßt sich schnell lösen, weil man nur einen halben Schlag gelegt hat.

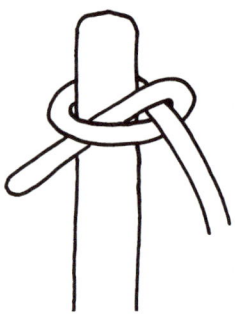

Abb. 15 Befestigung an einem Pfahl oder Pfosten mit einem halben Schlag. Man erkennt, daß man eigentlich nur einen flachen Knoten um einen Gegenstand herum macht. Der Pfeil gibt die Richtung der Schnur bzw. des Taus an.

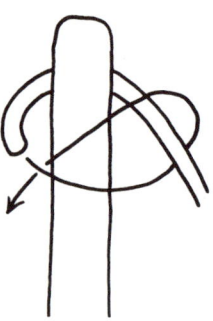

Abb. 17 Befestigung mit einem halben Schlag. Auch hier macht man nichts weiter, als um einen Pfahl einen flachen Knoten zu legen. Man schlägt nur den Tampen so wieder zurück, daß der Tampen zwischen Knoten und Pfahl geklemmt wird. Diese Befestigung löst sich deshalb nicht so schnell wieder.

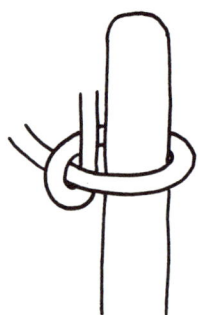

Abb. 18 Befestigung an einem Pfahl mit einem Mastwurf (oder: Webeleinstek). Der Pfeil gibt die Richtung und Reihenfolge des Legens an.

Abb. 20 Befestigung mit zwei halben Schlägen, wobei man die beiden Schläge gegeneinander versetzt macht. In der Makramee-Technik spricht man in dem Fall von einem Frivolitäten-Knoten. Es kommt auf die genaue Richtung beim Führen der Schnur an.

Abb. 19 Der Mastwurf oder Webeleinstek ist fertig. Der Pfeil zeigt, wie der fertige Stek mit dem Tampen strammer gezogen werden kann.

Abb. 21 Befestigung mit zwei halben Schlägen. In der Makramee-Technik nennt man das einen Cordon-Knoten. Die Zeichnung muß genau befolgt werden.

Anwendungen:
All diese Befestigungen benutzt man, um ein Ende irgendwo festzumachen, zu „belegen''. Will man einen sehr festen Knoten machen, der nicht so leicht aufgeht, muß man beim Befestigen auch den entsprechenden Knoten verwenden. Soll sich das Ende etwas leichter wieder losmachen lassen, wählt man einen entsprechenden loseren Knoten. Diese Verbindungen sind meist zweckgebunden.

15

Die folgenden Befestigungen werden hauptsächlich dann angewandt, wenn man ein Ende in zwei gleiche Parten teilen will. Aber sie können auch als Bindeknoten benutzt werden. Dann ist es nicht mehr nötig, daß die beiden Parten gleich sind.

Abb. 22 In der Mitte eines Ende wird eine Bucht gelegt. Die beiden stehenden Parten läßt man herunterhängen und legt die Bucht hinter das Rundholz. Dann biegt man die Bucht nach vorn und holt die beiden stehenden Parten von hinten nach vorne durch die Bucht durch.

Abb. 23 Befestigung wie in Abb. 22 beschrieben. Dann legt man mit beiden Parten zugleich einen Extraschlag rechts von der Befestigung und holt beide Parten durch die so gebildete Bucht durch.

Abb. 24 Man macht dieselbe Befestigung wie in Nr. 22. Man legt mit der rechten Part einen Extraschlag rechts, mit der linken Part einen Extraschlag links von der Befestigung.

Abb. 25 In der Mitte eines Endes wird eine Bucht gelegt. Die beiden stehenden Parten hängen nach unten, die Bucht wird von vorn gegen das Rundholz gelegt. Dann biegt man die Bucht nach hinten und holt die beiden stehenden Parten von vorn nach hinten durch die Bucht durch.

Abb. 26 Die Befestigung ist dieselbe wie in Nr. 25. Dann legt man mit beiden Parten zugleich einen Extraschlag an der rechten Seite der Befestigung und holt beide Parten durch die Bucht nach vorn.

Abb. 27 Die Befestigung ist dieselbe wie in Nr. 25. Dann wird ein Extraschlag gelegt: mit der rechten Part rechts, mit der linken Part links von der Befestigung.

Abb. 28 Man legt eine Bucht in der Mitte eines Endes, läßt die beiden stehenden Parten nach unten hängen und legt die Bucht hinter das Rundholz. Man biegt die Bucht nach vorn und holt die beiden stehenden Parten von hinten nach vorn, wie es die Abbildung zeigt. Der Knoten ist jetzt noch nicht fest angezogen.

Abb. 29 Befestigung wie in Nr. 28, aber jetzt fest angezogen.

Abb. 30 Diese Befestigung wird beinahe so gemacht wie in Nr. 28, mit einem Unterschied: die stehenden Parten werden anders durch die Bucht geholt. Man muß die Anleitung genau befolgen. Dieser Knoten ist noch nicht fest angezogen.

Abb. 31 Befestigung von Nr. 30 jetzt fest angezogen.

Abb. 32 Dieselbe Befestigung wie in Nr. 30, aber die stehenden Parten werden mit einem Extraschlag durch die Bucht geholt. Der Knoten ist noch nicht fest angezogen.

Abb. 33 Befestigung von Nr. 32 ist jetzt fest angezogen.

Abb. 34 Befestigung mit einem Flachknoten (halber Schlag) um das Rundholz.

Abb. 35 Dieselbe Befestigung wie in 34, doch diesmal wird die rechte Part noch mit einem Extraschlag um das Rundholz gebunden, wodurch die Befestigung mehr Halt bekommt.

Abb. 36 Befestigung mit zwei halben Schlägen unter dem Rundholz. Beide Knoten werden von derselben Seite aus gemacht.

Abb. 37 Befestigung mit zwei halben Schlägen unter dem Rundholz. Doch die Knoten werden entgegengesetzt gemacht, zum Beispiel der erste Knoten wird von links aus gelegt, der zweite dann von der rechten Seite aus.

Abb. 38 Befestigung mit zwei halben Schlägen an einer straff gespannten stehenden Part. Der erste Knoten wird wie gewohnt gemacht. Um den zweiten Knoten zu machen, hält man eine der beiden stehenden Parten straff nach unten, und mit der anderen Part legt man an dieser Stelle einen halben Schlag. In der Makramee-Technik spricht man hier vom Längs-Cordon oder der Längsrippe.

Abb. 39 Befestigung mit zwei halben Schlägen (zwei Flachknoten). Der erste Knoten wird gelegt, während man zum Beispiel die linke Part straff hält, der zweite Knoten, während man die rechte Part strafft. Makramee-Begriff hierfür: Ramschknoten.

Anwendungen

Diese Befestigungen werden hauptsächlich dann benutzt, wenn man ein Ende irgendwo so anbinden will, daß man zwei gleichwertige stehende Parten erhält, mit denen man dann weiter arbeiten kann. Diese Befestigungen können sowohl zweckgebunden wie dekorativ sein. Sie sind auch als Verbindungsknoten gut anwendbar, außerdem sind sie rutschfest, wobei es nicht nötig ist, daß beide Parten gleich sind. Anstatt nur eine Schnur oder ein Tau zu befestigen, kann man auch mehrere Schnüre oder Taue zusammen nehmen. Es bildet sich dann schnell ein dekorativ aussehender Zopf.

EIN RITTER

Dieser Ritter wurde aus Berber-Sisal angefertigt. Man geht aus von einem Ring aus Tau und setzt nach unten Josefinen-Knoten daran. Der Hals wird mit Hahnenpfoten und der Rest in Cordons und Josefinen-Knoten geknüpft. Die Endfäden sind in den Schild auf der Vorderseite eingeflochten worden. In den Kopf wurde ein Korkbällchen eingearbeitet.

Abb. 40 Man legt eine Bucht in einem Ende. Die rechte Part wird mit zwei halben Schlägen (bzw. Flachknoten bzw. Cordonknoten) am Rundholz befestigt. Dasselbe geschieht mit der linken Part, allerdings muß man darauf achten, daß die Bucht als Schlaufe oberhalb des Rundholzes zu liegen kommt. Unter dem Rundholz zieht man die beiden herauskommenden Parten fest an. Nun nimmt man ein zweites Ende, setzt dessen rechte Part neben die rechte Part des ersten Endes und befestigt sie auf dieselbe Weise. Genauso verfährt man mit der linken Part, die neben die linke Part des ersten Endes kommt. Wieder muß man dafür sorgen, daß oberhalb des Rundholzes die Bucht in Form einer Schlaufe liegt. Allerdings muß die Schlaufe etwas größer als die vorherige sein. Auf diese Weise erhält man eine Befestigung mit zwei Bögen bzw. Schlaufen übereinander. Unter dem Rundholz hat man nun vier statt bisher zwei Schnüre, mit denen man weiter arbeiten kann.

Abb. 41 In der Mitte eines Endes macht man einen Flachknoten (halben Schlag). Die beiden Parten biegt man nach unten und bindet sie so an, wie es in Abb. 40 beschrieben ist. Die zweite Schnur wird ebenfalls wieder an den entsprechenden Seiten der ersten angebracht.

Abb. 42 In der Mitte eines Endes wird ein Achterknoten (Siehe Abb. 140) gemacht. Dann werden die Parten wieder wie in Abb. 40 befestigt. Dasselbe gilt für die zweite Schnur.

Abb. 43 Man macht in der Mitte des Endes einen Victoria-Knoten (Siehe Abb. 184) und befestigt die beiden Parten wie in Abb. 40. Auch diese Befestigung kann durch eine zweite mit größeren Schlaufen eingefaßt werden.

Abb. 44 Man nimmt von zwei Enden die Mitte. Eine Part des ersten Endes wird mit zwei halben Schlägen am Rundholz befestigt. Nun nimmt man eine Part des zweiten Endes und befestigt sie auf dieselbe Weise. Dann wird die zweite Part des ersten Endes befestigt, und zuletzt wird auf dieselbe Art die zweite Part des zweiten Endes festgemacht. Oben am Rundholz läßt man wieder die Schlaufen entstehen, wobei man darauf achten muß, daß die beiden Bogen übereinander kommen.

Abb. 45 Diese Befestigung wird auf dieselbe Art gemacht wie in Abb. 44, allerdings mit dem Unterschied, daß die beiden Bogen sich ineinander schlingen. Man bindet die Parten fest, bevor jedoch die vierte Part befestigt wird, zieht man sie einmal durch die schon gebildete Schlaufe hindurch und macht sie dann erst fest. Dadurch werden die beiden Bogen miteinander verbunden.

Abb. 46 Man legt zwei Enden nebeneinander und nimmt die Mitte. An dieser Stelle wird eine Bucht gelegt, allerdings müssen beide Buchten untereinander liegen. Mit beiden Enden zugleich wird ein Flachknoten gemacht, wobei man die große Bucht (siehe Abbildung) nach oben legt. Dann wird jede Part mit zwei halben Schlägen befestigt.

Abb. 47 Es sind dieselben Flachknoten in zwei Enden wie in Abb. 46, aber nun legt man die beiden kleinen Buchten des Flachknotens nach oben, biegt die Parten nach unten und macht sie mit zwei halben Schlägen am Rundholz fest.

Abb. 48 Man nimmt zwei Enden und macht in der Mitte des ersten Endes einen Flachknoten. Die beiden kleinen Buchten läßt man nach oben liegen und nimmt das zweite Ende. Dieses Ende wird durch eine Bucht des Flachknotens im ersten Ende geholt. Dann macht man auch im zweiten Ende einen Flachknoten, dessen beide Buchten man nach oben hält. Alle vier Parten werden nach unten gebogen und mit jeweils zwei halben Schlägen festgebunden.

Abb. 49 Man legt zwei Enden eng nebeneinander und macht eine Anzahl Flachknoten untereinander. Die Zahl

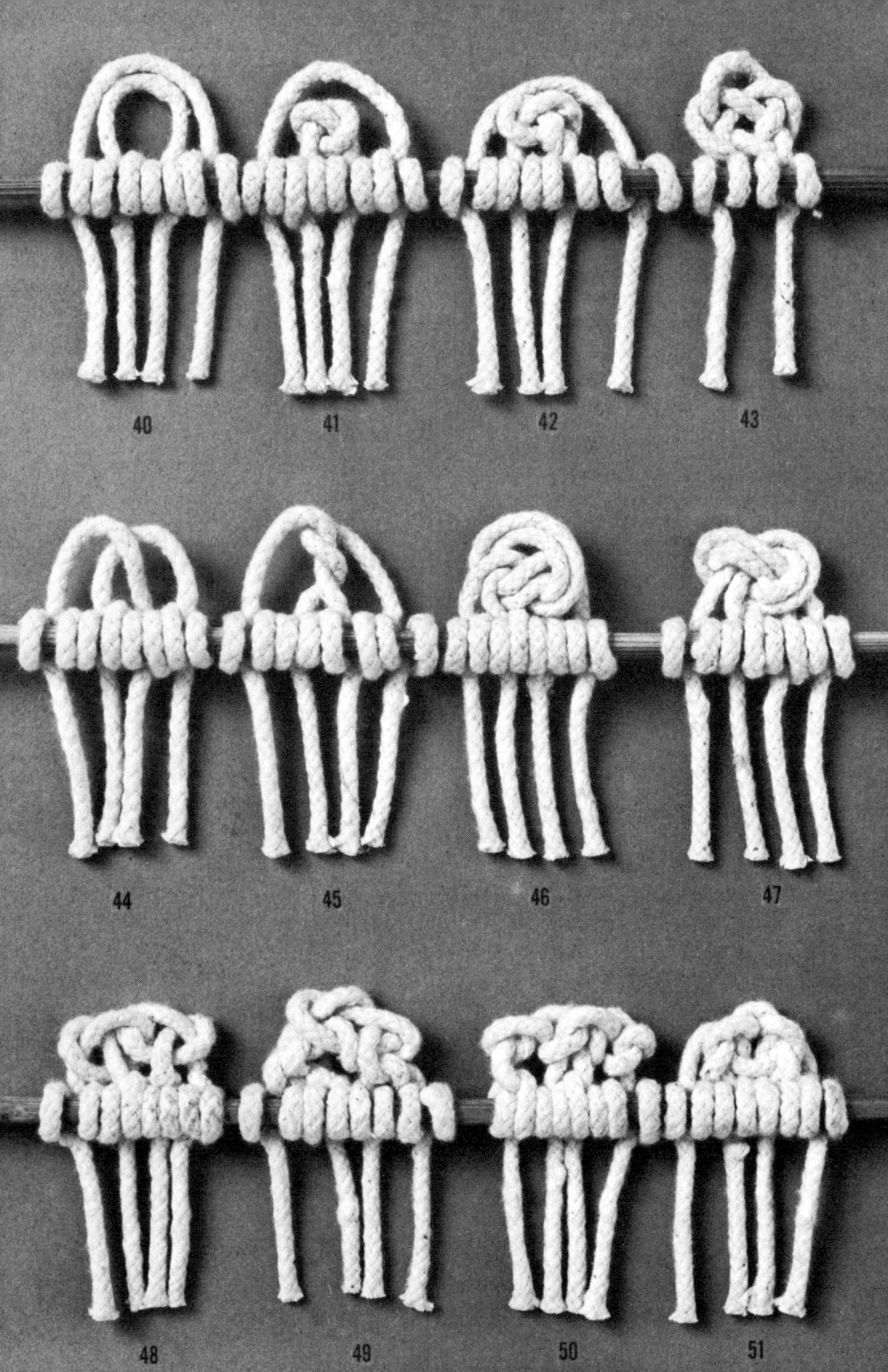

40   41   42   43

44   45   46   47

48   49   50   51

bestimmt man selbst. Je nach der Anzahl der Knoten wird der Bogen oben auf dem Rundholz größer oder kleiner. Die herabhängenden Parten werden wieder mit zwei halben Schlägen befestigt.

Abb. 50 Man legt zwei Enden eng nebeneinander, aber nun werden die Flachknoten gegeneinander versetzt gemacht. Die Parten werden sodann mit zwei halben Schlägen befestigt.

Abb. 51 Man legt zwei Enden nebeneinander und macht vier Flachknoten gegeneinander versetzt. Die Parten unterhalb der Knoten werden befestigt. Die beiden nach oben kommenden Parten werden links und rechts von den Knoten nach unten gebogen und ebenfalls mit zwei halben Schlägen befestigt.

Anwendungen

Diese Knoten sind sehr dekorativ und werden deshalb auch gern benutzt, wenn man mit Makramee-Knüpferei weiter arbeiten will. Man erhält dabei eine Befestigung, die nicht nur zweckmäßig, sondern für das Werkstück auch schmückend ist.

WANDBEHANG

Dieser Wand- oder Fensterschmuck wurde aus Wollfäden gemacht. Schweißdraht sorgt für die entsprechende Versteifung, damit die Ornamente zur Geltung kommen, ebenso bieten Armreifen aus Glas ein zusätzliches Dekor. Das gesamte Werkstück besteht nur aus Taklingen und Befestigungsknoten.

22

Auf dieser Seite soll dargestellt werden, welche Möglichkeiten man hat, ausgehend vom Josefinen- und Victoriaknoten. Der Unterschied besteht darin: wird der Knoten mit zwei Enden gemacht, heißt er Josefinen-Knoten. Wird er von einer Bucht ausgehend gearbeitet, spricht man vom Victoria-Knoten (in England auch „carrick-bendknot" genannt).

Abb. 52 In der Mitte von zwei Enden wird ein Josefinen-Knoten gemacht. Alle aus dem Knoten herausführende Parten werden nach unten gebogen und mit zwei halben Schlägen befestigt.

Abb. 53 In der Mitte von zwei Enden wird ein Josefinen-Knoten gemacht. Man achtet darauf, daß der Knoten vertikal liegt (siehe Abb. 57). Die oben aus dem Knoten herausführenden Parten werden nun mit einem Schlag umeinander gedreht, erst dann werden sie nach unten gebogen und befestigt. Durch diesen Extraschlag wird der Knoten im ganzen etwas spitzer. Sämtliche Parten werden mit zwei halben Schlägen befestigt.

Abb. 54 In der Mitte eines Endes wird ein Victoria-Knoten gelegt. Er darf jedoch nicht so stramm gezogen werden. Nun nimmt man ein zweites Ende und flicht es durch den Knoten hindurch. Der Knoten liegt nun teilweise doppelt (Siehe Abb. 75). Die Parten werden zur Mitte durchgezogen, sodann die vier freien Parten mit zwei halben Schlägen befestigt.

Abb. 55 In der Mitte zweier Enden wird ein Josefinen-Knoten gelegt, und zwar waagerecht. Die beiden oberhalb des Knotens herausführenden Parten werden nach unten gebogen. Mit den unten herabhängenden Parten macht man einen Extraschlag um die zuvor nach unten gebogenen Parten herum. Dann werden alle vier Parten mit zwei halben Schlägen befestigt.

Abb. 56 Der Victoria-Knoten. In der Mitte eines Endes wird eine Bucht gelegt. Die beiden Parten werden so verflochten, wie es die Abbildung zeigt.

Abb. 57 Der Josefinen-Knoten. Er wird mit zwei Enden gemacht und hat folglich vier freie, das heißt lose hängende Parten. Die Abbildung zeigt deutlich, wie der Knoten gelegt wird. Hier ist er senkrecht abgebildet.

Abb. 58 Man legt zwei Enden dicht nebeneinander und macht damit einen Victoria-Knoten. Dabei ist darauf zu achten, daß der Knoten während dieses Vorgangs flach liegen bleibt. Die herausführenden Parten werden kreuzweise übereinander gelegt. Sämtliche Parten werden dann mit zwei halben Schlägen befestigt.

Abb. 59 Dieselbe Befestigung wie in Abb. 58, die Parten werden diesmal jedoch nicht miteinander gekreuzt, sondern nur zusammen befestigt.

Abb. 60 In der Mitte zweier Enden wird ein Josefinen-Knoten gemacht. Dann wird er in die Waagerechte gedreht (Vergleiche mit Abb. 57). Die oben herausführenden freien Parten werden mit einem Schlag umeinander geschlungen. Dann werden sie nach unten gebogen und durch die Seitenbuchten des Knotens geflochten. Mit zwei halben Schlägen werden alle Parten befestigt.

Abb. 61 In der Mitte eines Endes macht man einen Victoria-Knoten. Man nimmt ein zweites Ende und befestigt es mit einem Rundschlag im mittleren Loch des Victoria-Knotens. Mit den beiden Parten unterhalb des Victoria-Knotens wird ein Josefinen-Knoten gelegt. Die Parten des oberen Knotens führt man am unteren Knoten vorbei und befestigt alle vier Parten mit zwei halben Schlägen.

Anwendungen

Die Befestigungen mit Josefinen- und Victoria-Knoten sind besonders dekorativ und geben der Oberseite eines Werkstücks ein sehr ornamentales Aussehen. Man kann sie uni oder mehrfarbig machen.

52   53   54   55

57

56

58   59   60   61

Verbindungsknoten

Man braucht Verbindungsknoten, wenn man ein Ende dadurch verlängern will, indem man ein zweites Ende anbindet. Diese Knoten sind also in erster Linie zweckgebunden, können aber auch hübsch aussehen. Einige Knoten bewirken, daß die Enden zeitweise, andere, daß die Enden ständig miteinander verbunden sind. Das hängt ganz von der Art des Knotens ab.

Abb. 62 Im Tampen eines Endes wird ein Flachknoten gemacht. Nun nimmt man ein zweites Ende und holt dies durch eine Bucht des Flachknotens vom ersten Ende. Auch in diesem zweiten Ende wird ein Flachknoten gemacht. Man kann den Schnurverlauf gut verfolgen, solange der Knoten noch nicht festgezogen ist. Ein solcher Verbindungsknoten ist sehr stark und kann ziemlich große Zugkräfte aushalten. Es braucht einige Mühe, ihn wieder zu lösen. Außerdem empfiehlt es sich, den Tampen nach Fertigstellen des Knotens mit Taklings zu versehen (s. Abb. 72), um zu verhindern, daß sie ausfransen.

Abb. 63 Derselbe Knoten wie in Abb. 62, aber jetzt fest angezogen.

Abb. 64 Ein Kreuzknoten: ebenfalls wieder zwei Flachknoten, der die Tampen zweier Enden miteinander verbindet. Der Verlauf der Schnüre muß exakt befolgt werden, denn die beiden Tampen müssen genau parallel bzw. in derselben Linie liegen. Ist das nicht der Fall, wird sich der Knoten langsam aber sicher lösen. Ein solch falsch geknüpfter Knoten heißt denn auch Schabernack- oder Fopp-Knoten, weil man ihn früher an den Hängematten der Seekadetten machte: war das eine Gaudi, wenn in der Nacht der Knoten aufging!

Abb. 65 Derselbe Knoten wie in Abb. 64, aber jetzt mit einem zusätzlichen Schlag. Dieser Knoten hält besonders große Zugkraft aus.

Abb. 66 Verbindung zweier Tampen mit dem Josefinen-Knoten. Wenn man den Knoten fertig hat und takelt, dann die Tampen und die festen Parten zusammen (man verbindet also die „feste Part", auf der Kraft steht, mit der „losen Part", die jetzt überflüssig aus dem Knoten herausführt), so erhält man eine schön feste und flache Verbindung.

Abb. 67 Die Tampen zweier Enden werden mit einem Schlag umeinander geschlungen. Dann macht man mit den beiden Tampen auf beiden Seiten dieses Schlags zwei bis drei achtförmige Schläge um die festen Parten herum. Auf diese Weise werden sich die Tampen selbst bekneifen, wenn der Knoten angezogen wird.

Abb. 68 Mit dem Tampen zweier Enden werden um die festen Parten herum Flachknoten geschlungen, und zwar so, daß die Tampen versetzt wieder herauskommen. Das heißt: der eine Tampen liegt also an der Oberseite der stehenden Part, der andere an der Unterseite.

Abb. 69 In der Mitte zweier Enden wird eine Bucht gelegt. Dann steckt man die Buchten ineinander. Sodann legt man auf beiden Seiten Flachknoten und erhält so ein sehr dekoratives Verbindungs-Stück.

Abb. 70 In der Mitte zweier Enden legt man eine Bucht und nimmt von beiden Enden die beiden Parten zusammen. Man legt die Parten mit einem Schlag umeinander, wie die Abbildung zeigt. Dann legt man mit beiden Parten auf beiden Seiten einen halben Schlag und holt sie dann durch die Buchten durch. Auch dies ist ein sehr hübsch aussehender Verbindungsknoten.

Anwendungen

Mit Verbindungsknoten verbindet man zwei Tampen zweier Enden miteinander, wobei man folglich eine größere Länge erzielt. Obwohl in erster Linie mehr zweckgebunden, können Verbindungsknoten auch eine dekorative Funktion haben, beispielsweise an Gürteln.

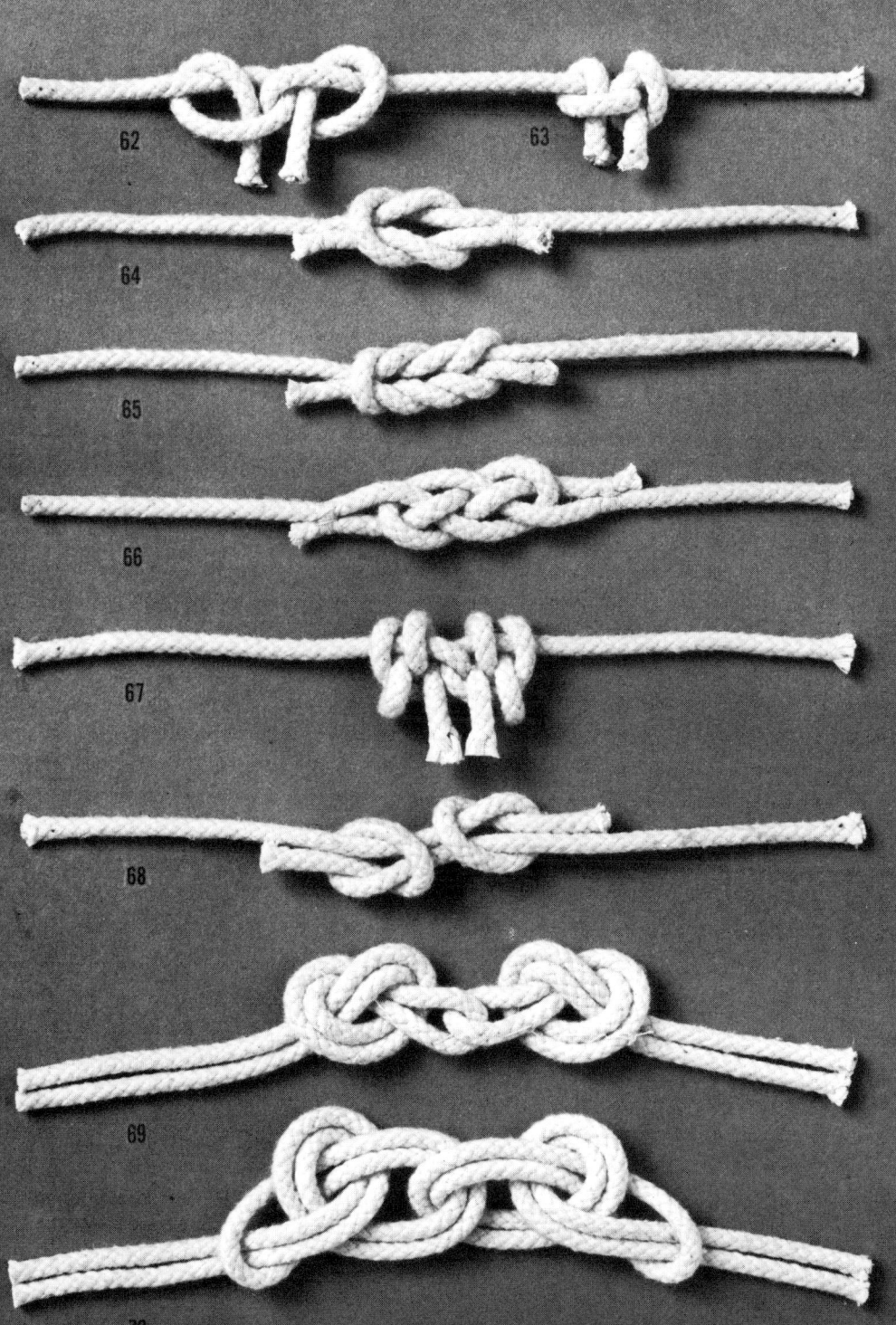

Takeln und Spleißen

Der Takling soll verhindern, daß der Tampen eines Endes ausfranst, sich also in seine einzelnen Kardeele aufteilt. Denn ein ausgefranster Tampen verliert seine Festigkeit. Auch verwendet man Taklinge, um mehrere Taue, Schnüre oder Fäden zeitweise oder ständig miteinander zu verbinden.

Den Spleiß wendet man an, wenn man einen Tampen mit der festen Part eines Endes verbinden will. Man benutzt in diesem Fall kein anderes Material als das Tau selbst, in dem man den Spleiß machen will.

Zur Verdeutlichung nehmen wir die folgenden Abbildungen.

Abb. 71 Man legt eine Bucht in einem Ende, riffelt den Tampen ein Stückchen aus und richtet es so ein, daß das mittlere der drei Kardeele oben auf die feste Part zu liegen kommt. Außerdem besetzt man diesen anderen Tampen mit einem Takling. Das geht folgendermaßen: man nimmt ein Stück Takelgarn oder „Schiemannsgarn", das ist der „Nähfaden" des Segelmachers, und legt damit eine Bucht. Den Tampen legt man auf das Tau, das man nun mit der losen Part umwickelt.

Abb. 72 Jetzt werden die drei Kardeele in die feste Part des Endes eingespleißt. Das Kardeel, welches oben auf dem Tau liegt, wird unter dem darunter liegenden Kardeel der festen Part durchgesteckt. Dazu muß man die feste Part etwas aufdrehen, damit sich die unter dem Kardeel liegende Kerbe, die „Keepe" also, etwas erweitert. Nun steckt man das lose Kardeel des Tampens von rechts nach links in die Keepe, zieht es unter dem (festen) Kardeel durch und läßt es bei der anderen Keepe wieder herauskommen. Dann dreht man das Ganze einen Schlag nach rechts und steckt das linke Kardeel unter das nächste Kardeel der festen Part durch. Auch diesmal wieder wird die feste Part ein wenig aufgedreht, und

man zieht wieder von rechts nach links durch. Man sieht dann, daß man dieses zweite Kardeel in die Keepe, wo das erste Kardeel austritt, hineingesteckt hat. Wieder dreht man das Ganze einen Schlag nach rechts und holt nun das dritte Kardeel des Tampens unter dem nächsten Kardeel der festen Part durch. Dieses Kardeel wird also eingesteckt in die Keepe, aus der das zweite Kardeel herauskommt. Wenn alle Kardeele durchgesteckt sind, zieht man sie nacheinander vorsichtig etwas an, bis daß der Tampen in der festen Part festsitzt.

Beim Durchziehen müssen die Kardeele senkrecht zu den Keepen gehalten werden. Sonst wird der Spleiß zu dick, und das nächste Kardeel läßt sich nur schwer durchstecken. Außerdem ist dann die Gefahr, daß der Spleiß sich später löst, zu groß.

Soweit das Durchstecken; aber der andere Tampen ist immer noch betakelt. Nachdem man mit dem Takelgarn noch ein paar Rundtörns um die feste Part gemacht hat, zieht man den Tampen des Garns durch die oben auf dem Tau liegende Bucht. Nun sieht man sowohl oben wie unten einen Tampen herausstehen. Indem man nun vorsichtig an dem oberen Tampen zieht, wird die Bucht mit dem durchgezogenen Tampen unter den Rundtörns bekniffen. Jetzt zieht man alles stramm und kann dann die beiden Tampen kurz abschneiden.

Abb. 73 Die Abbildung zeigt den fertigen Augspleiß. Das Prinzip ist dasselbe. Zur Kontrolle wird erst noch mal geprüft, ob auch aus jeder Keepe der festen Part ein Kardeel herauskommt. Dann wird wie folgt weitergearbeitet: die Kardeele werden noch einmal in die feste Part eingesteckt. Man nimmt wieder das erste Kardeel und legt es auf das Kardeel der festen Part, steckt es in die folgende Keepe und unter das Kardeel durch und läßt es wieder aus der festen Part herauskommen. Man dreht das Ganze einen

Schlag nach rechts und verfährt genauso mit den anderen Kardeelen. So arbeitet man die Runde weiter, bis daß alle Kardeele in der festen Part eingespleißt sind. Um einen schön dünn auslaufenden Spleiß zu bekommen, kann man die Kardeele beim Arbeiten ausdünnen. Und zwar so: nachdem man ein Kardeel zweimal durchgesteckt hat, dreht man es auf, so daß es sich in einzelne Stränge (sogenannte Kabelgarne) zerlegt. Einen dieser Stränge biegt man nach unten. Die übriggebliebenen Stränge dreht man wieder zu einem Kardeel und steckt sie durch. Den freien Strang läßt man vorerst einfach herabhängen. Genauso macht man es mit den anderen Kardeelen. Die ausgedünnten Kardeele verarbeitet man wieder in der festen Part. Auf diese Weise kann man jedes Kardeel so ausdünnen, bis es schließlich nur noch aus einem einzigen Kabelgarn besteht. Dann wird der Spleiß gewässert, das heißt, gut durch und durch naß gemacht. Wenn er dann wieder getrocknet ist, kann man die aus der festen Part herausstehenden Stränge abschneiden. Ist der Spleiß mit drei Kardeelen gemacht worden, hat er eine dreikantige Form.

Abb. 74 End- oder Rückspleiß, auch Spanischer Takling genannt. Man dreht den Tampen ein Stückchen auf und läßt die Part nach unten herabhängen. Mit den Kardeelen legt man eine Hahnenpfote (Siehe Abb. 149). Dann dreht man das Werkstück um, so daß die feste Part nach oben zeigt und spleißt dann die einzelnen Kardeele wie vorher beschrieben ein. Ein solcher Spleiß gibt dem Tampen eine schöne Verdickung.

Anwendung

Man braucht Taklinge hauptsächlich, um ein Ausfransen und „Drüseln" der Tampen zu verhindern oder auch, um zwei Enden miteinander zu verbinden. Taklinge können sehr dekorativ sein, wenn die Rundtörns sehr eng und exakt nebeneinander gelegt sind.
Spleiße benutzt man beispielsweise, um ein Auge in ein Ende zu machen.
Ein solches Auge ist sehr haltbar und zu allerlei Zwecken zu verwenden. Obwohl nur zweckgebunden gemacht, kann auch ein Augspleiß sehr nett aussehen, besonders wenn er ohne Verdickung dünn genug ausläuft.

HUNDELEINE UND ZWEI UNTERSETZER

Für die Hundeleine benötigt man Schnüre von 5 m Länge. Man nimmt dazu gefüllt geflochtene Baumwollschnur und macht im Abstand von 1 m vom Anfang Hahnenpfoten, und zwar so lange, bis nur noch etwa 10 cm Schnur übrig sind. Diese kurzen Parten verknüpft man nun mit den 4 m langen Parten in Hahnenpfot-Knoten, so daß am Hunderiemen eine Schlinge entsteht. Der Tampen wird eingespleißt. Man kann auch Zierknoten machen. Der Rest der Leine wird mit Hahnenpfoten fertig geknüpft.
Der linke Untersetzer wird mit einem Victoria-Knoten begonnen. Damit macht man eine vierfache Rosette, die in der Mitte zweimal doppelt liegt; der Rest des Knotens wird einmal gedoppelt.
Auch der rechte Untersetzer ist aus einem Victoria-Knoten entstanden, aus dem man eine vierfache Rosette macht. Dieser Untersetzer ist zweimal gedoppelt. Für beide Stücke wurde Peddigrohr genommen.

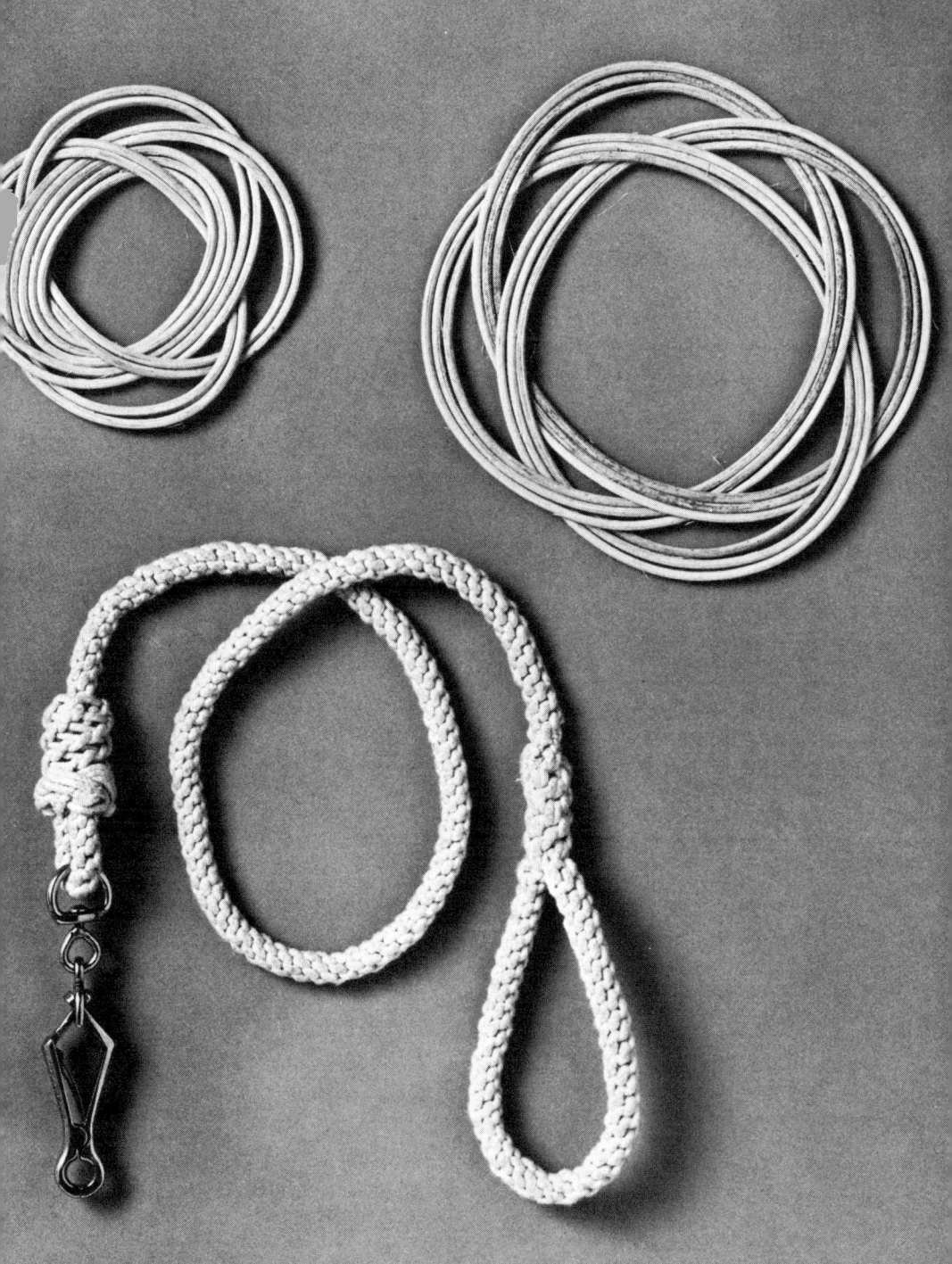

Doppeln und Durchnähen

Wenn man einen Knoten doppelt, dann deshalb, damit er ein volleres Aussehen bekommt als wenn er nur mit einfachem Faden oder einfacher Schnur geknüpft worden ist. Doppeln heißt also nichts anderes, als daß man neben den ersten Faden einen zweiten Faden oder Schnur legt. Man kann einen Knoten nur dann doppeln, wenn man ihn in der ersten, einfachen Phase sehr locker gelegt hat, denn das Doppeln nimmt sehr viel Raum ein. Außerdem braucht man dazu ein längeres Ende. Wenn man einen Knoten gelegt hat, kommen irgendwo die beiden Parten zum Vorschein. Meist kommt die eine Part oben an einem Auge oder einer Bucht heraus, und die andere Part ist unten, beide liegen also gegenüber. Geht man nun daran, den Knoten zu doppeln, dann ist es erforderlich, daß man mit der zweiten Schnur dem Verlauf der ersten Schnur folgt, und zwar genauso, daß man mit jeder Part dem Auf und Ab der anderen folgt. Man kommt dann irgendwann an demselben Punkt wieder aus, wo man das Doppeln begonnen hat. Nun biegt man die andere Part auch zu diesem Punkt hin, und man kann die Tampen an der Rückseite des Knotens „ausarbeiten". Und zwar folgendermaßen: beide Tampen werden mit einem Takling an der Schnur oder dem Tau des Grundknotens befestigt. Am besten so unsichtbar wie möglich. Man kann dazu dünnes Nähgarn oder – wenn man mit dickerem Tauwerk arbeitet, Schiemannsgarn oder Takelgarn nehmen. Dieses Betakeln soll ein Ausfransen und Sich-Lösen der Tampen verhindern. Sind die Taklinge fertig, kann man die Tampen abschneiden und womöglich auch verkleben. Soll dieser Knotenschluß nicht sichtbar sein, dünnt man die Tampen am besten zuerst aus und steckt sie dann erst weg oder verklebt sie unter der Schnur oder dem Tau des Grundknotens.

Auf beiden Abbildungen ist deutlich zu sehen, daß beide Tampen nicht auf derselben Seite des Grundknotens liegen, sondern links und rechts davon. Das zeigt, daß der Knoten gut gedoppelt worden ist.
Kommen die beiden Tampen an derselben Seite des Knotens heraus, dann hat man sie beim Doppeln gewiß irgendwo gekreuzt. Das darf keineswegs vorkommen, wenn man einen schönen parallelen Schnurverlauf erzielen will. Will man einen Knoten mit sehr großen Buchten doppeln, dann dürfen die Schnüre in der Bucht nicht eng nebeneinander liegen bleiben. Um zu vermeiden, daß sich die einzelnen Schnüre, Fäden oder Taue gegeneinander verschieben, kann man die Bucht durchnähen. Und zwar im Zickzack, wie die Abbildung 79 erkennen läßt. Soll der Knoten nachher ohnehin nur von einer Seite zu sehen sein, braucht das Durchnähen auf der Rückseite nicht unsichtbar zu bleiben. Wird der Knoten beidseitig benutzt, sollte die Naht nicht zu sehen sein. In dem Fall wird die Nadel mitten durch die Schnüre gesteckt, wobei man am besten ein dünnes Nähgarn benutzt.

Abb. 75 Die Grundlage ist der Victoria-Knoten (Abb. 184). Man sieht beide Parten aus dem Knoten herauskommen. Die rechte Part wird nun verwandt, um den Knoten zu doppeln. Die Strichlinie auf dem Knoten gibt an, von wo die rechte Part in eine Bucht gelegt wird und der linken Part folgen soll (Siehe die Strichlinie). Ist die Dopplung fertig, muß die rechte Part an der Innenseite des Knotens bei der Strichlinie wieder herauskommen. Die linke Part wird nun in einer Bucht vorbei am Faden des Grundknotens bis an die Strichlinie gelegt. Diese Part soll an der rechten Seite des Grundknotens auskommen. Beide Tampen können jetzt abgeschnitten werden. Dreht man den Knoten um, sieht man die Dopplung in einer schön verlau-

fenden Linie parallel zum Grundknoten liegen.

Abb. 76 In einem Ende legt man eine Bucht. Mit den Parten legt man zwei Flachknoten (Siehe Abb. 81) untereinander, und zwar entgegengesetzt. Man legt den Knoten senkrecht. Mit einer der beiden Parten wird nun der Knoten gedoppelt. Man sieht deutlich, daß die eine Part an der Außenseite, die andere auf der Innenseite des Grundknotens verläuft. Auch die Stelle, wo der Tampen nachher abgeschnitten werden kann, ist deutlich sichtbar, besonders hinter der Verdickung, wo beide Parten sich kreuzen. Die Bucht auf der rechten Seite entsteht durch die Dopplung.

Abb. 77 Dies ist ein gedoppelter Achterknoten. Der Achterknoten wird als einziger anders gedoppelt. Man legt zuerst einen Achterknoten. Mit dem Tampen, der oben aus dem Knoten herauskommt, legt man die Dopplung und zwar an der festen Part vorbei zurück, so daß ein geschlossenes Auge entsteht. Wenn man genau nach der gestrichelten Linie vorgeht, ist es kinderleicht. Die Dopplung beginnt also oben an der Bucht. Diese Bucht oder Schlinge kann man übrigens auch als Abschluß des gesamten Ornaments verwenden. Also: Will man einen Achterknoten doppeln, so folgt hier nicht die eine Part der anderen, sondern die Part folgt sich sozusagen selbst. Es sieht so aus, als ob der Knoten mit zwei Parten gleichzeitig gelegt ist, trotzdem ist es nur eine Dopplung.

Abb. 78 Ein gedoppelter Flachknoten (Siehe Abb. 81). In einem Ende wird ein Flachknoten gelegt und anschließend gedoppelt. Auch hier sieht man wieder, daß die Tampen rechts und links vom Grundknoten verlaufen. Man kann die Tampen abschneiden oder den Knoten noch ein weiteres Mal doppeln.

Abb. 79 Zweimal gedoppelter Victoriaknoten. Man legt in einem Ende einen Victoriaknoten (Siehe Abb. 184), der dann zweimal gedoppelt

wird. Dazu braucht man natürlich entsprechend viel Schnur. Die Bucht an der Unterseite entsteht durch die Dopplung. Hier empfiehlt es sich auch, durch die Buchten durchzunähen; denn sie sind ziemlich groß und würden sonst schnell verrutschen. Die Abbildung zeigt, wie man es am besten macht.

Abb. 80 Gedoppelter Flachknoten (Siehe Abb. 81). In einem Ende wird ein Flachknoten gelegt und vertikal ausgerichtet. An der Seite der beiden kleinen Buchten wird der Knoten dann außen herum gedoppelt. Die Tampen werden dort, wo das Material am dichtesten liegt, abgeschnitten.

Anwendungen

Gedoppelte Knoten sind sehr formfest, besonders dann, wenn sie zusätzlich vernäht sind. Man kann sie zu vielen Zwecken verwenden. Das hängt vom jeweiligen Grundknoten ab. Als Verzierung, Tresse oder Ornamentabschluß sehen sie sehr hübsch an manchen Kleidungsstücken oder an Vorhängen aus. Aus groberem Material gearbeitet, machen sie sich gut als Unterlagen oder kleine Fußmatten.

KÖRBCHEN ODER LAMPENSCHIRM

Dieses Körbchen ist aufgebaut mit einem Victoriaknoten, der mit Josefinenknoten weiter gearbeitet wurde. Das Ganze ist dann zweifach gedoppelt, und die Knoten sind beim Legen jeweils miteinander verflochten. Als Material wurde Peddigrohr verarbeitet.

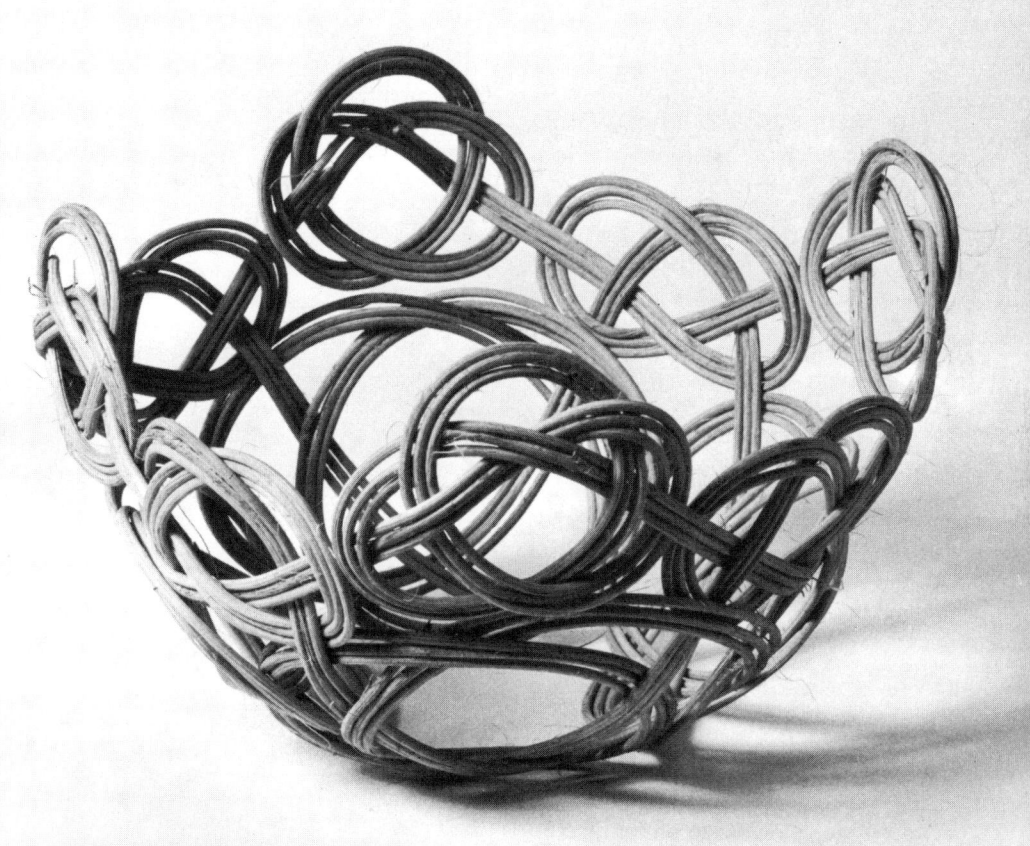

Der Flachknoten

(Seemännisch:
Der halbe Schlag)

Der Flachknoten ist einer der wichtigsten Knoten überhaupt, das gilt nicht nur bei der Arbeit mit jenen Knoten, die in diesem Buch behandelt werden. Die gesamte Makramee-Technik beispielsweise beruht im wesentlichen auf dem Flachknoten. Die folgenden Seiten machen in Text und Bildern deutlich, welch große Vielfalt an Möglichkeiten der Flachknoten bietet. Wenn man dem Schnurverlauf auf der Abbildung genau folgt, ist die Arbeit nicht schwer.

Abb. 81 Flachknoten rechtsherum gelegt. („Rechts über links")

Abb. 82 Flachknoten links herum gelegt. („Links über rechts")

Abb. 83 Flachknoten fest angezogen.

Abb. 84 Flachknoten jeweils links über rechts gelegt, die Parten jeweils gleichmäßig angezogen. Auf der Abbildung sieht der Knoten sehr flächig aus, in Wirklichkeit aber ist er mehr gedreht.

Abb. 85 Flachknoten wechselseitig gelegt: mal rechts über links, dann wieder links über rechts. Die beiden Parten sind jeweils gleichmäßig angezogen. Im Gegensatz zu Abb. 84 ist hier die Struktur anders: die Knoten bleiben flächig. Wirft man einen Blick auf die Technik der Makramee-Knoten, wird man feststellen, daß dort derselbe Knoten gemacht wird, nur mit einer Füllung aus einer ganzen Anzahl von Schnüren in der Mitte. Bei Makramee nennt man diesen Knoten dann den Jagdtaschenknoten.

Abb. 86 Derselbe Knoten wie in Abb. 84, jedoch fest angezogen. Das gibt einen sehr „knotigen" Effekt. Würde man einen solchen Zopf weiterknüpfen, bekäme man eine sehr verdrehte (aber feste) Schnur.

Abb. 87 Derselbe Knoten wie in Abb. 85, jedoch fest angezogen.

Anwendungen

In der Schiffahrt nennt man diesen Knoten den halben Schlag. Aber er wird auch am Bau, in der Land- und Forstwirtschaft benutzt. Und sogar beim „dreifach geschlagenen Türkischen Bund" ist ein Flachknoten die Grundlage.

Will man die Knoten, die auf dieser Seite gezeigt werden, anwenden, dann nimmt man am besten eine Anzahl Fäden oder Schnüre zusammen und bindet sie an Tau oder an einen Stock. Man kann die jeweiligen Knoten paarweise nebeneinander machen und in der nächsten Reihe zueinander versetzen. Dadurch entsteht eine besonders dehnbare Struktur, deren Knoten sich von selbst festziehen. Das Ganze hat ein netzartiges Aussehen.

Man kann die Knoten mit den verschiedensten Materialien legen, angefangen vom dicken Tau bis zum dünnen Garn, je nachdem, was man daraus machen will.

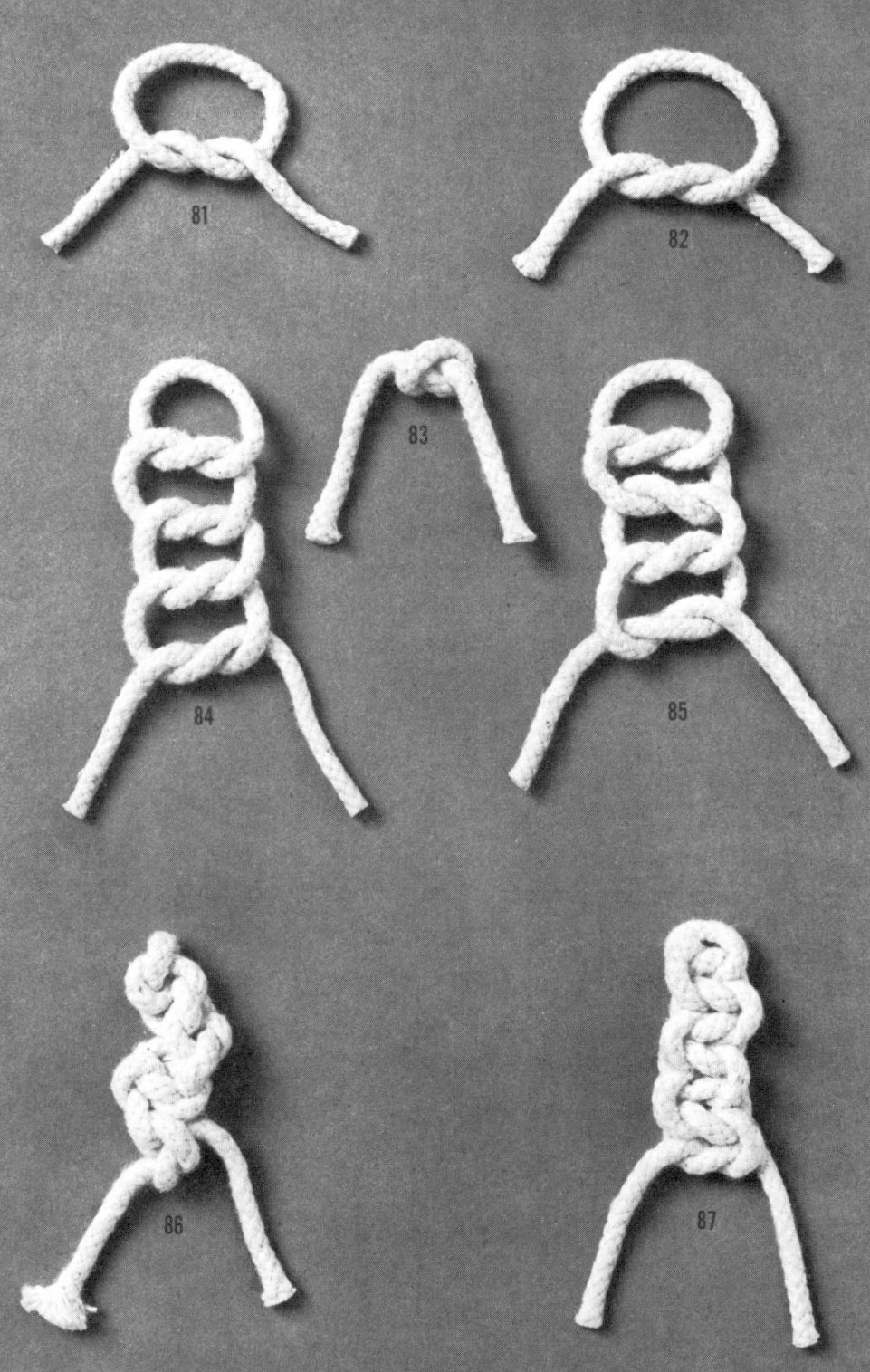

Abb. 88 Der Flachknoten. Der Unterschied besteht darin, daß man jeweils nur eine der beiden Parten fest anzieht. Der Arbeitsgang ist folgender: Man legt einen Flachknoten. Dann hält man die rechte Part stramm, wodurch sich die linke Part um die rechte herum legt. Beim nächsten Knoten zieht man die linke Part stramm und schlägt die rechte um die linke Part herum. Auf dieser Abbildung sind die Knoten ziemlich locker gemacht, so daß man den Schnurverlauf gut verfolgen kann.

Abb. 89 Dieselben Knoten wie in Abb. 88, jetzt jedoch fest angezogen. Seemännisch spricht man von einem Platting, bei Makramee vom Ramschknoten.

Abb. 90 Dies ist das Schema eines Kreuz des Südens, auch Seemannskreuz genannt. In einem Ende wird eine Bucht gelegt. Mit der linken Part legt man einen Flachknoten, ebenso mit der rechten Part, aber den jetzt entgegengesetzt. Dazu wird die rechte Part zuvor durch die Bucht des linken Flachknoten von unten nach oben durchgeholt. Wenn man den Schnurverlauf der Abbildung beachtet, ist diese Figur ohne weiteres zu machen. Die Pfeile zeigen, wie man die Buchten durchziehen muß, um die Figur von Abb. 91 zu erhalten.

Abb. 91 Diese Figur entsteht, wenn man die beiden Buchten von Abb. 90 so durchholt, wie die beiden Pfeile zeigen. Es ist dies das Seemannskreuz oder Kreuz des Südens.

Abb. 92 Wenn man den Knoten von Abb. 90 fest anzieht, so entstehen die Knoten, wie sie hier gezeigt werden. Man kann solche Knotenschnüre sehr gut als Gürtel verwenden, wobei man statt einer auch mehrere Schnüre nehmen kann.

Abb. 93 Hier sieht man ebenfalls zwei Flachknoten mit jeweils einer Bucht an der Oberseite. Beide Knoten werden jedoch so gelegt, daß die oben herausführenden Parten sich über die Buchten legen, während die unten herauskommenden Parten unter den Buchten durchlaufen. Man achte sehr genau auf den Schnurverlauf der Abbildung.

Abb. 94 Ebenfalls zwei Flachknoten mit der Bucht an der Oberseite. Die Parten oben laufen unter den Buchten durch, die Parten unten liegen über den Buchten. Darunter sind noch zwei Flachknoten gelegt, einmal links über rechts, dann rechts über links, in Makramee als Jagdtaschenknoten bekannt. Man kann auch sagen: der Flachknoten bei den oberen Knoten „steht", und er „liegt" in den unten gezeigten Knoten.

Abb. 95 In diesem Stück Schnur sind beide in Abb. 94 gezeigten Knoten verarbeitet. Eine solche Schnur wirkt sehr hübsch und locker. Man kann sie gut als Gürtel oder Zugschnur (an Vorhängen oder Klingeln zum Beispiel) verwenden.

Anwendungen

Man kann diese Knoten als Gürtel, Zugleinen oder auch für andere, nicht zweckgebundene Schnüre verwenden. Man muß nur darauf achten, daß Stärke und Art des Materials dem Verwendungszweck angepaßt sind.

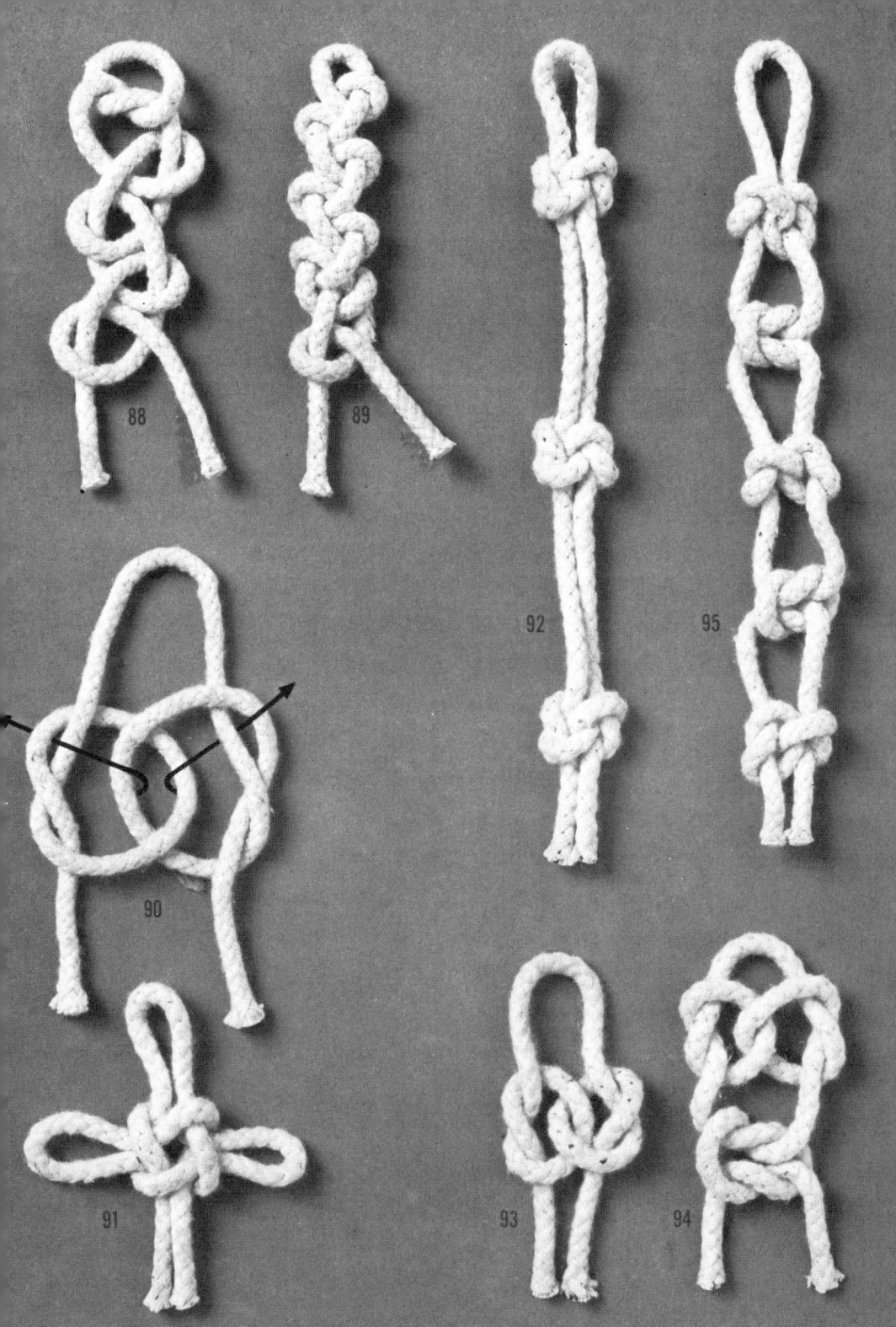

Abb. 96 Flachknoten mit einem Extraschlag.

Abb. 97 Derselbe Knoten wie in Abb. 96, aber jetzt fest angezogen.

Abb. 98 Flachknoten mit zwei Extraschlägen.

Abb. 99 Flachknoten aus Abb. 98 fest angezogen.

Abb. 100 Flachknoten mit einer unbestimmten Zahl Extraschläge. Wenn die Bucht des Flachknotens umwickelt ist, zieht man an der anderen Part, so daß die Schnur (oder der Faden oder das Tau), die durch die Windungen hindurchläuft, sich stramm zieht und ein Auge bildet. Man nennt ein solches Auge einen Grummet oder Grummetstropp. Man benutzt einen solchen Grummetstropp zur Verstärkung an Stellen, die großer Belastung und Reibung ausgesetzt sind: zum Beispiel zur beweglichen Befestigung von Segeln am Mast (auf alten, traditionellen Holzschiffen. Auf modernen Schiffen verwendet man Metallösen). Sinn des Grummets: durch die Zahl der Umwicklungen wird das eigentliche Auge vor Abrieb geschont.

Abb. 101 Eine Reihe Flachknoten, jeweils mit einem Extraschlag. Eine sehr ,,knotige" Struktur.

Abb. 102 Eine Reihe Flachknoten mit jeweils zwei Extraschlägen. Jetzt jedoch wird der Knoten um und um gearbeitet: eine Reihe von links (über rechts), die nächste Reihe von rechts (über links). Das Ganze sieht wie ein Band aus, das ,,rechts gestrickt" wurde.

Anwendungen

Man kann diese Knoten in vielerlei Knotenstrukturen verwenden. Später in der Makramee-Technik wird man sie wieder finden, besonders in den Breiten-Cordons. Wie die anderen Flachknoten auch, kann man sie aus den verschiedensten Materialien machen.

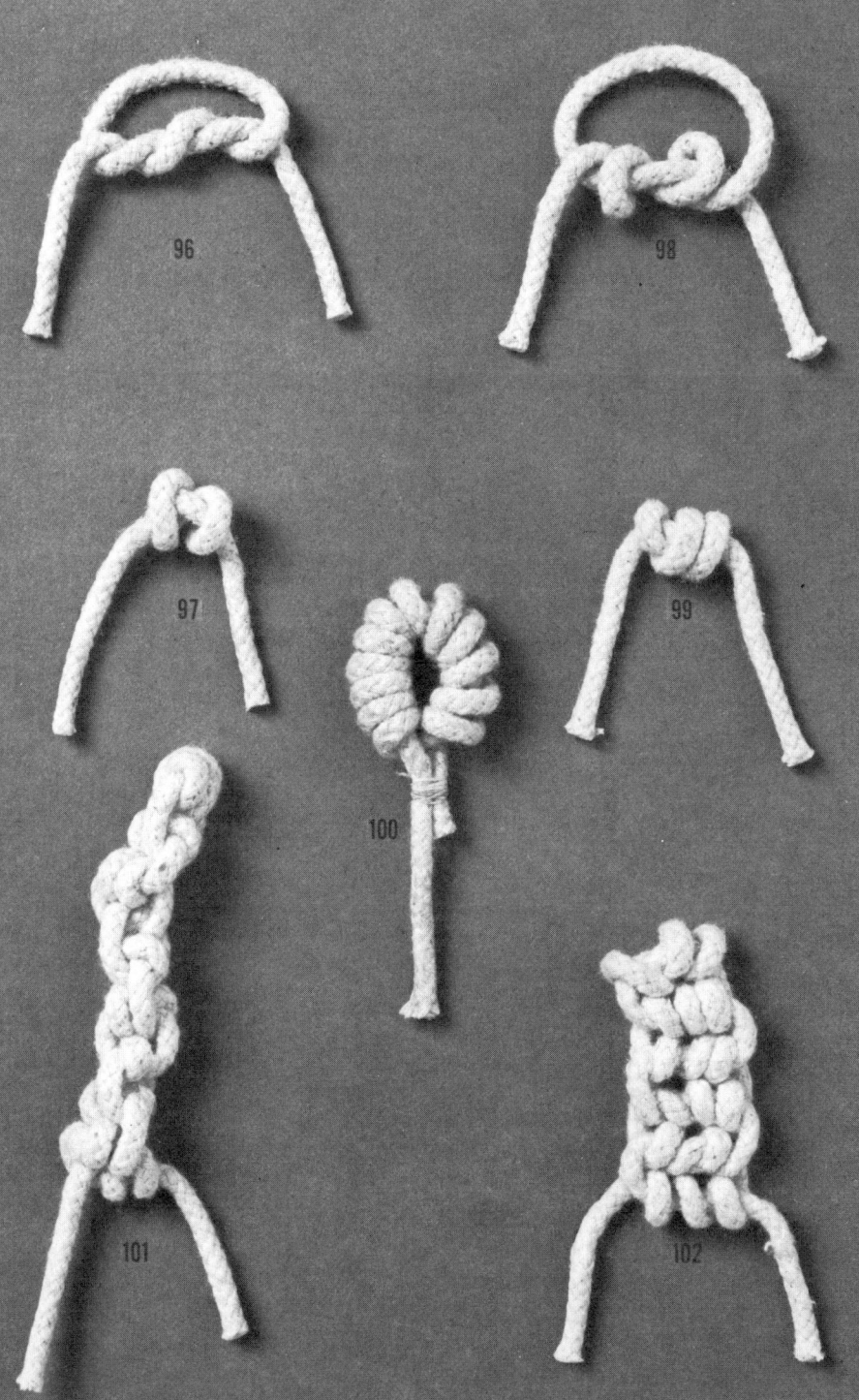

Die Anwendung von Flachknoten in Reihe

In Peru wird heute noch ein Zählsystem benutzt, das auf Flachknoten basiert. Man kann damit angeben, wieviel Stück Vieh sich auf einem Bauernhof oder in einem Stall befinden. Außen am Stall hängt ein Stock mit einer Anzahl Schnüre. In die Schnüre sind Reihen von Flachknoten gemacht und angezogen. Die Anzahl der Knoten bedeutet bestimmte Zahlen, und die genaue Stelle, an der sie auf der Schnur sitzen, entspricht genau der Zahl von Strichen oder Kerben, die auf einer Mauer oder auf Balken zu sehen sind. Von rechts nach links gelesen bedeuten diese Striche beziehungsweise Knoten die Einer, Zehner, Hunderter und Tausender. Ein Prüfer kann dann, ohne daß er in den Stall hinein muß, auf einen Blick feststellen, wieviel Vieh vorhanden ist. Nun aber ein Blick auf die folgenden Abbildungen:

Abb. 103 Die Länge dieser Schnur hat ihre genaue Bedeutung, in diesem Fall gibt sie Tausender an. Es wurde ein Flachknoten mit einem Extraschlag gelegt: Der Knoten zeigt also zwei Rippen, soll folglich die Zahl 2000 angeben.

Abb. 104 Das ist die Schnur für die Hunderter. Man sieht einen Flachknoten mit drei Extraschlägen. Die vier Rippen bedeuten also die Zahl 400.

Abb. 105 Hier die Schnur für die Zehner. Ein Flachknoten mit sieben Extraschlägen, also acht Rippen, bedeutet die Zahl 80.

Abb. 106 Die Länge der Schnur zeigt die Einer an. Ein Flachknoten mit zwei Extraschlägen, drei Rippen also, gibt die Zahl drei an.

Die hier an vier Schnüren gezeigte Zahl lautet 2483. Die Knoten wurden so gelegt, daß man sie leicht wieder lösen kann, wenn die Zahl sich ändert.

Mit solchen Flachknoten in Reihe kann man auch sehr gut haltbare Schlaufen machen.

Abb. 107 Den Anfang macht ein Flachknoten mit einem Extraschlag. Dann biegt man die obenliegende Bucht (bzw. das Auge) etwas nach außen.

Abb. 108 Nun faßt man die unten liegende Bucht zwischen Daumen und Zeigefinger und steckt sie durch die vorhin nach außen gebogene Bucht. (Siehe Abb. 107)

Abb. 109 Derselbe Knoten wie in Abb. 108, jedoch jetzt fest angezogen. Diesen Knoten macht man häufig in der Mitte eines Endes. Die Schlinge kann man dann zum Beispiel über einen Pfahl werfen, damit man die beiden Parten irgendwo anders befestigen kann. Nach Gebrauch kann man den Knoten leicht wieder auflösen, wodurch das Ende wieder seine normale Länge erhält.

Anwendungen

Solche Flachknoten, zu Reihen zusammengestellt, kann man zu vielen Zwecken benutzen. Angeregt vom peruanischen Zählsystem könnte man einen Fliegenvorhang aus herabhängenden Knotenschnüren machen. Die Schlingenknoten bieten sich auch für viele andere Zwecke an. Wenn man in einem Ende eine Anzahl von Schlingenknoten macht, lassen sich auf diese Weise die verschiedensten Dinge daran befestigen. Das Material kann man ganz nach Belieben wählen, sollte jedoch kein zu dickes Tau nehmen, wenn man kleine Dinge befestigen will.

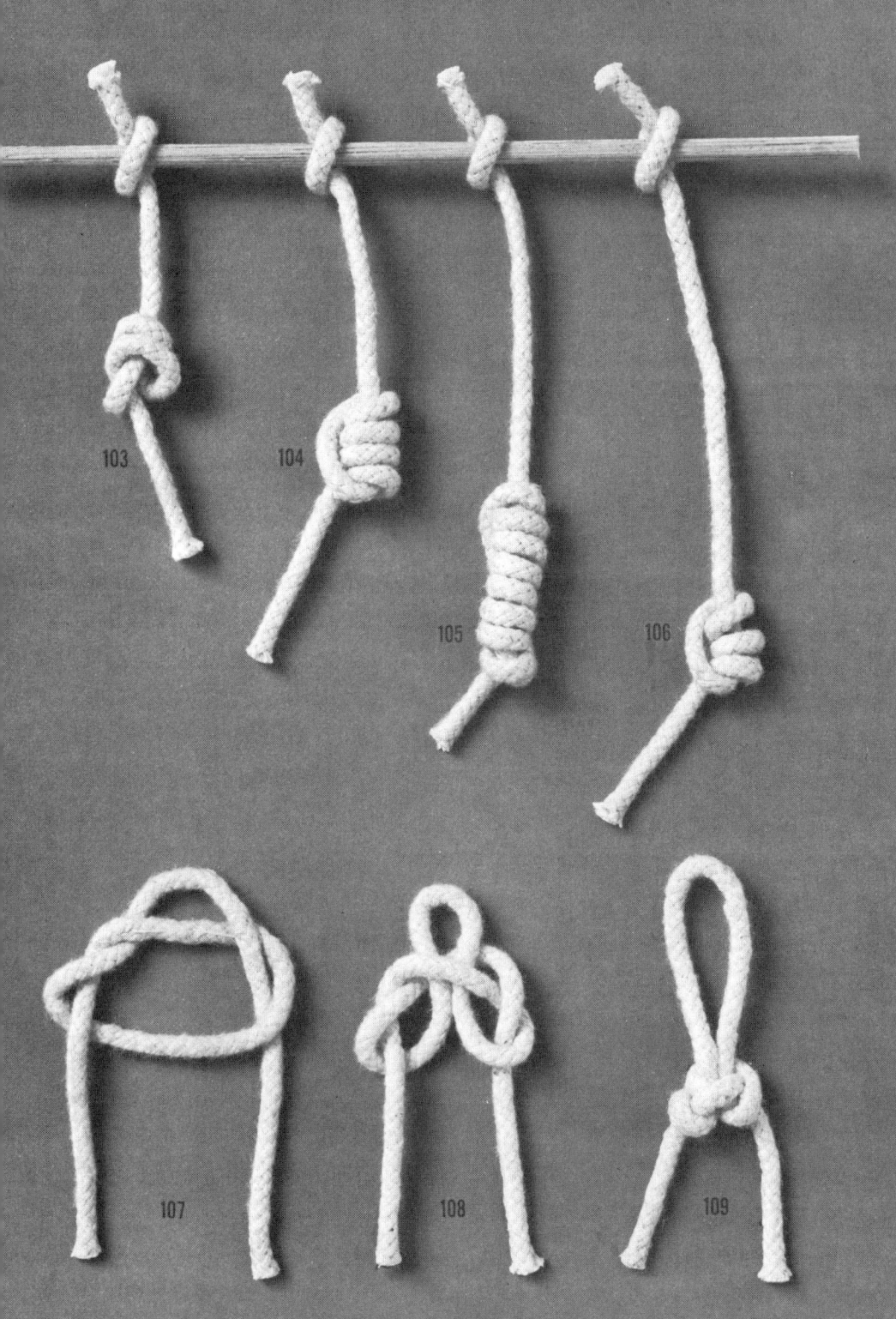

End- oder Stopperknoten, abgeleitet von Flachknoten

Abb. 110 Flachknoten als Basisknoten für alle folgenden Knoten auf dieser Seite.

Abb. 111 In dem Tampen eines Endes macht man einen Flachknoten mit einem Extraschlag.

Abb. 112 Derselbe Knoten wie in Abb. 111, jetzt festgezogen. Dadurch ist ein Endknoten entstanden mit der Quaste nach oben. Man kann diese Quaste auf zwei Arten „festsetzen". Und zwar kann man innen im Knoten, bevor man ihn fest anzieht, ein paar Tropfen Leim auftupfen. Dann zieht man ihn fest und läßt ihn gut trocknen. Die Quaste kann man dann kurz abschneiden. Eine andere Möglichkeit ist die, den Knoten gut zu wässern und dann durch und durch trocknen zu lassen. Wenn der Knoten dann beim Trocknen seine endgültige Form angenommen hat, wird die Quaste abgeschnitten.

Abb. 113 Ein Flachknoten, der so gelegt wird, daß der Tampen zuerst über die Bucht hinweg geschlagen wird und dann unter sich selbst durchgezogen wird.

Abb. 114 Derselbe Knoten wie in Abb. 113 fest angezogen. Auch diesen Knoten kann man, genau wie der in Abb. 111, innen verleimen oder wässern und dann den Tampen als Quaste hängen lassen oder kurz abschneiden. Die Quaste steht diesmal seitlich heraus. Diese Knoten sind sehr stark und kaum noch zu lösen – was auch der Sinn der Sache ist.

Abb. 115 Um diesen Flachknoten zu machen, muß man einen sehr langen Tampen nehmen, mit dem man den Knoten doppeln kann. Er wird so gelegt, wie die Abbildung zeigt: man macht einen Flachknoten, biegt den Tampen und die feste Part nach oben, so daß eine „Brezel" entsteht. Dann wird der Tampen zu der festen Part hin gebogen und weiter verarbeitet, wie in der Abbildung gezeigt wird.

Abb. 116 Derselbe Knoten wie in Abb. 115, jedoch nun gedoppelt.

Abb. 117 Wenn man den Knoten von Abb. 116 gedoppelt hat, kann man ihn rundherum fest anziehen. Es entsteht ein sogenannter dreifach geschlagener Türkischer Bund. Man kann also aus einem sehr einfach zu machenden Flachknoten sehr schnell einen Zierknoten schlagen. Fest angezogen, ist es übrigens ein sehr starker Knoten, der praktisch nicht mehr zu lösen ist. Will man den Knoten nicht zu einer Kugel festziehen, sondern ihn flachhalten und nur doppeln, dann kann man auch sehr dickes Material nehmen und zum Beispiel einen Untersetzer daraus machen.

Abb. 118 Flachknoten mit drei Extraschlägen.

Abb. 119 Derselbe Knoten wie in Abb. 118, jedoch jetzt fest angezogen. Auch dieser Knoten wird wieder verleimt oder gewässert und dann erst fest angezogen. Die Quaste steht nach oben.

Abb. 120 Dieser Knoten ist schwer zu beschreiben. Man achte deshalb sehr genau auf den Schnurverlauf in der Abbildung. Man beginnt mit einem Flachknoten und verarbeitet den Tampen weiter so, wie die Abbildung zeigt. Zuerst den Tampen über die Bucht hinweg schlagen, dann darunter durch, dann wieder drüber weg. Man hört so auf, daß die Quaste nach oben heraus steht.

Abb. 121 Derselbe Knoten wie in Abb. 120, aber fest angezogen. Er bildet einen sehr festen Endknoten, der zuvor geleimt oder gewässert werden kann.

Anwendungen

Man kann diese Knoten zweckgebunden, aber auch als Zierknoten verwenden. Am Ende eines Endes dienen sie als Stopperknoten, die das „Ausrauschen" verhindern, also das Entgleiten des Endes aus der Hand (oder einer Öse).

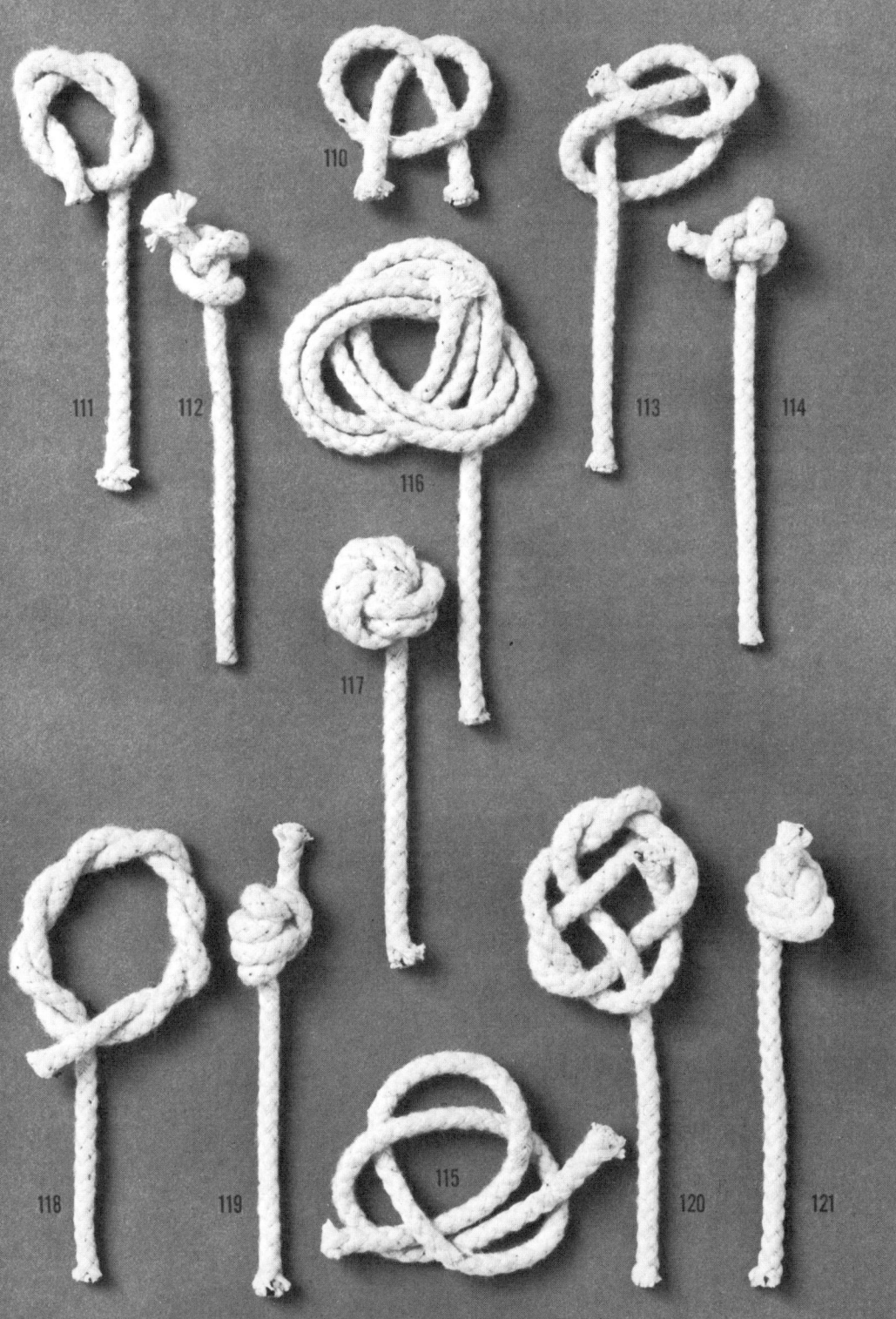

Zierknoten, deren Basis der Flachknoten oder aneinandergereihte Flachknoten sind

Diese Knoten haben ornamentalen Charakter. Man macht sie auf der Basis eines Flachknotens oder einer Flachknoten-Reihe.

Abb. 122 Man schlägt zwei Flachknoten in einem Ende und biegt die beiden Tampen, so wie die Abbildung zeigt, durch die beiden Seitenbögen. Mit Stecknadeln werden die Kreuzpunkte auf einer weichen Unterlage festgesteckt.

Abb. 123 Derselbe Knoten wie in der Abbildung 122, aber jetzt ist er gedoppelt, und die beiden Tampen sind auf der Rückseite festgenäht worden.

Abb. 124 In einem Ende wurde ein Flachknoten mit einem Extraschlag gemacht. Der Knoten wird locker auseinandergebreitet, und die beiden Tampen steckt man so, wie es die Abbildung zeigt, durch die beiden seitlichen Bögen. Es empfiehlt sich dabei immer, die Kreuzpunkte mit Stecknadeln zu befestigen, damit die Schnüre nicht verrutschen können.

Abb. 125 Derselbe Knoten wie in Abbildung 124, jetzt gedoppelt. Die beiden Tampen sind auf der Rückseite angenäht worden.

Abb. 126 Man legt in einem Ende einen Flachknoten. Der eine Tampen wird nun zum anderen gelegt, der Knoten dadurch gedoppelt. Ein solcher Knoten sieht sehr hübsch aus und kann als Verzierung für Schnallen oder Spangen verwendet werden. Arbeitet man ihn noch etwas weiter aus, als es hier angegeben ist, und näht man die Dopplung auf der Rückseite zusammen, dann eignet er sich als Tresse über zwei andere Knoten hinweg.

Abb. 127 Das ist der Sieben-Sterne-Knoten. In einem Ende wird ein Flachknoten mit zwei Extraschlägen gemacht. Jetzt wird der Knoten locker ausgebreitet, wobei man die Kreuzpunkte mit Stecknadeln festpickt. Dann läßt sich der Knoten gut doppeln.

Abb. 128 In einem Ende wird ein Flachknoten mit einem oder mehreren Extraschlägen gemacht. Dieser Knoten wird außenherum gedoppelt. Man erhält dadurch ein sehr lang gestrecktes Knotenornament mit einem Zopfmotiv in der Mitte. Dieser Knoten (und alle anderen Knoten, die gedoppelt sein und ihre Form halten sollen) muß auf der Rückseite angenäht werden. Wenn der Knoten sehr klein ist und die Schlingen in sich selbst genug Halt haben, kann man die Kreuzpunkte etwas verleimen und eventuell mit einer Stecknadel befestigen.

Anwendungen

Die ornamentalen Knoten kann man als dekorative Elemente an Wandbehängen und Kleidungsstücken aufsetzen, aber auch jedes andere Werkstück kann mit solchen Knoten geschmückt werden. Die Wahl des Materials hängt ganz davon ab, wozu man es verwenden will.

122

123

124

125

126

127

128

Verzierungsknoten, aufgebaut aus Flachknoten in Reihe

Auf Seite 46 wurde gezeigt, wie man mit Flachknoten und mehr oder weniger Extraschlägen besonders schöne Verzierungsknoten und Knoten-Ornamente machen kann. Auf dieser Seite nun sollen Knoten gezeigt werden, deren Basis eine Kombination von Flachknoten ist. Natürlich ist es unmöglich, im Rahmen dieses Buches alle Möglichkeiten zu nennen. Doch der eigenen Fantasie sind ja bekanntlich niemals Grenzen gesetzt. Es ist schon ein anregendes Spiel, aus einem Stück Schnur oder einem Rest Kordel ein schönes Ornament entstehen zu sehen. Dabei empfiehlt es sich übrigens fast immer, die Kreuzstellen mit einer Stecknadel auf einer weichen Unterlage festzupicken. Buchten und Augen lassen sich dann nämlich ohne weiteres vergrößern oder verkleinern oder mit einem Extraschlag belegen.

Abb. 129 In einem Ende legt man eine Bucht. Dann macht man einen Flachknoten, und durch den hindurch einen zweiten Flachknoten, den aber seitenverkehrt gegenüber dem ersten.

Abb. 130 Derselbe Knoten wie in Abb. 129, nur gedoppelt. Charakteristisch für diesen Knoten ist das Doppeln. Er sieht sehr gut aus auf Spangen und Schnallen als Abschlußornament, allerdings nicht als funktioneller Abschluß, etwa als Knopfloch, sondern nur als Verzierung.

Abb. 131 Den Schnurverlauf dieses Knotens kann man auf der Abbildung genau verfolgen. Es handelt sich um einen Flachknoten, dessen beide Parten in Richtung des geschlossenen Bogens (im Gegensatz zum zweiten, „gekreuzten" Bogen) geführt werden und dann noch einmal einen zweiten Flachknoten bilden.

Abb. 132 Derselbe Knoten wie in Abb. 131, jetzt jedoch zweimal gedoppelt, so daß drei Schnüre nebeneinander liegen. Auch für diesen Knoten ist die Dopplung charakteristisch, weil er dadurch erst seine Dichte erhält.

Abb. 133 Dieser Knoten besteht aus einem Flachknoten. Die beiden Parten biegt man nach oben, zu dem geschlossenen Bogen. Dort wird eine lange Schleife gelegt, in der man wiederum einen Extraschlag macht. Schließlich wird der Knoten mit der langen Part gedoppelt. Der Schlag in der Schleife muß festgenäht werden, sonst verschiebt er sich, will man den Knoten als Tressen- oder Verschluß-Verzierung verwenden.

Abb. 134 Dies ist eine Kombination von drei Flachknoten. Man beginnt mit dem obersten Flachknoten. Dann wird je ein Flachknoten in der linken und in der rechten Part gelegt. Man muß jedoch darauf achten, daß die Schnur durch den linken Knoten hindurch läuft. Der Verlauf ist auf der Abbildung deutlich zu erkennen. Charakteristisch auch für diesen Knoten ist die Dopplung. Wenn man denselben Knoten noch einmal, aber dann spiegelverkehrt macht, hat man zwei schöne Stücke als Gürtelschnalle. Auf der Rückseite kann man Haken oder Ösen annähen, und an den Bogen, die seitlich entstehen, kann man beispielsweise den geflochtenen oder geknüpften Gürtel anbringen.

Anwendungen

Diese Knoten werden verwandt als Verzierungen auf Kleidungsstücken, Handtaschen, Hüten, Wandbehängen und auf Gürtelschnallen. Sie wirken sehr dekorativ und sind aus allerlei Materialien zu machen. Die Auswahl hängt ganz von der Art des Werkstücks ab. Zum Beispiel ist der Knoten von Abb. 130 besonders gut als Untersatz geeignet.

Zierknoten auf der Basis des Flachknotens

Abb. 135   Dieser Knoten entstand aus einer Kombination dreier Flachknoten. Man legt erst den obersten, dann je einen Flachknoten links und rechts. Man beachte genau den Schnurverlauf in der Zeichnung. Die Schlußstücke sind als Schleife verarbeitet, der Tampen wurde auf der Unterseite des Knotens weggesteckt, so daß nun ein rosenartiges Ornament entstand. In China und Japan macht man solche Knoten häufig aus Peddig- und Rotangrohr. Man benutzt sie als Fächer, um die Holzkohlenfeuer anzublasen. Baut man diese Knoten noch etwas weiter aus, lassen sie sich als Sitze für Korbstühle verwenden; auch als Rück- und Armlehnen in Peddingrohrmöbeln finden sie häufig Verwendung.

Abb. 136   Dieser Knoten wird der fünfzackige Sternknoten genannt. Es ist ein Flachknoten mit Extraschlag. Man legt einen solchen Knoten sehr breit aus und pickt die Kreuzpunkte mit ein paar Stecknadeln fest. Sodann wird der Knoten gedoppelt.

Abb. 137   Ein Flachknoten, bei dem eine der Schnüre über den geschlossenen Bogen und um sich selbst herum geschlagen und dann wieder zurückgelegt worden ist. Auf diese Weise wird der Knoten auch gedoppelt und erhält seine Festigkeit.

Abb. 138   Ein sehr drolliger Knoten, den man auch die Pferde-Fessel nennt. Wie der Name sagt: man wendet ihn an, um Pferden in der Schmiede oder um Kühen beim Melken die Beine zu fesseln. Das Tier behält in einer solchen Fessel einigermaßen seine Bewegungsfreiheit, aber kann nicht weglaufen oder plötzlich mit einem Huf ausschlagen. Der Knoten muß genauso gelegt werden, wie die Abbildung zeigt. Der Mittelteil besteht aus vier Knoten, und zwar je einem Flachknoten und einem nächstfolgenden Flachknoten in umgekehrter Richtung. In genau derselben Richtung wird dann der dritte und wieder seitenverkehrt schließlich der vierte Knoten gemacht. In Makramee-Begriffen würde man sagen: zwei Jagdtaschenknoten, die seitenverkehrt gegenübergesetzt werden.

Abb. 139   Man legt in einem Ende eine Bucht. Mit beiden Parten werden Flachknoten gelegt, jeweils seitenverkehrt zueinander. Es ist genauso, als ob man Jagdtaschenknoten macht, aber ohne die Fäden oder Schnüre, die hindurchlaufen. In einer Bucht am Ende wird dieser Knoten wieder zurück gedoppelt und kann nun noch drei- oder viermal gedoppelt werden. Wenn man die Buchten entsprechend groß macht, kann der Knoten sehr gut als Abschluß-Ornament verwendet werden, beispielsweise auf einer Gürtelschnalle, wobei man an den Buchten einfach neue Fäden anknüpft, die man nach links und rechts weiter arbeitet.

Anwendungen

Solche dekorativen Knoten eignen sich sehr gut als Schluß-, Spangen- oder Schmuckornamente. An den Buchten können neue Schnüre angeknüpft werden, so daß man am Ornament selbst wieder neue Teile knüpfen kann. Auch hier wird das Material entsprechend der späteren Verwendung ausgesucht.

136

137

135

138

139

Der Achterknoten

Ein sehr einfacher Knoten. Man legt ihn so, wie man gewöhnlich eine Acht schreibt. Der einzige Unterschied: der Tampen wird am Ende noch einmal durch die obere Bucht geholt, um das ganze Gebilde zu festigen. Der Schnurverlauf ist leicht zu erkennen.

Abb. 140   In einem Ende wurde ein Achterknoten gelegt. Unter diesem sehr losen Knoten ist noch mal ein Achterknoten gemacht, jedoch fest angezogen.

Abb. 141   Man legt eine Bucht in einem Ende und macht mit beiden Parten einen Achterknoten. Oben steht statt eines Tampens jetzt eine Schlinge aus dem Knoten hervor.

Abb. 142   Auch ein Achterknoten, jedoch diesmal aus einer einzelnen Schnur gelegt und dann zweimal gedoppelt. Das Doppeln eines Achterknotens geht ein bißchen anders vor sich als bei anderen Knoten (siehe Abb. 77). Man legt das Ende als Bucht und läßt es gleichsam sich selbst folgen. Wieder am Anfang angelangt, entsteht wie von selbst wieder ein Abschluß, der dann wiederum als Bucht gelegt werden kann. Diese Bucht bildet die zweite Schlaufe, und der Knoten kann zum zweitenmal gedoppelt werden. Die Tampen werden auf der Rückseite festgenäht. Ein solcher Achterknoten kann als Knopfloch-Verzierung für zwei Knöpfe benutzt werden.

Abb. 143   In einem Ende wird ein Achterknoten gelegt und gedoppelt, indem der Tampen außen am Knoten vorbei gelegt wird. Das geht von selbst, wenn man den Tampen nicht zum Doppeln an sich selbst vorbei legt, sondern außen herum.

Abb. 144   Dieser Achterknoten ist beiderseits außen herum gedoppelt, wobei ganz von selbst die hier abgebildete Form entsteht.

Abb. 145   Man legt in einem Ende einen Achterknoten, macht mit der Schnur dann eine Bucht und auf dieser Seite dann wieder einen Achterknoten, aber zum ersten seitenverkehrt. Die oben herauskommende Part läßt man der anderen Part folgen, und der Knoten wird auf diese Weise gedoppelt.

Abb. 146   Derselbe Knoten wie in Abb. 145, aber nun gedoppelt. Die Tampen werden auf der Rückseite vernäht.

Abb. 147   Dieser Knoten ist eine Abwandlung des Knoten von Abb. 146. Dabei entstehen die beiden Schlingen, die aus den Bögen herausstehen. Wenn man den Schnurverlauf genau beachtet, stellt man fest, daß man selbst noch weitere Varianten dieses Knotens machen kann.

Anwendungen

Der Achterknoten eignet sich hervorragend dazu, als Zier-, Spangen- oder Abschluß-Ornament (an Kopfverschlüssen). Wenn man ihn doppelt, bekommt er größere Festigkeit und hält besser seine Form. Besonders bei reinen Ornament-Funktionen gibt es zahllose Möglichkeiten, den Knoten zu variieren. Man kann ihn mit einer, aber auch mit zwei Schnüren zugleich arbeiten. Die Auswahl des Materials hängt allein vom Verwendungszweck ab. Man sollte auch mal versuchen, den Knoten erst aus dünnem Garn und dann aus dickerer Schnur zu machen. Dies ergibt besonders hübsche Effekte.

Hahnenpfote und Schildknoten

Im Umgang mit Tauwerk nehmen die Begriffe Hahnenpfote (verschiedentlich auch: „Hanepot") und Schildknoten einen bedeutenden Rang ein. Man kann diese Knoten auf verschiedene Weise beginnen. Meist macht man sie mit vier Enden oder Parten. Für Anfänger ist es etwas schwierig, vier Tampen von vier Enden in den Fingern zu halten und zugleich auch noch einen Knoten machen zu müssen. Deshalb empfiehlt es sich – besonders dann, wenn man es mit vier losen Enden zu tun hat –, die Tampen irgendwo provisorisch zu befestigen. Dann hat man beide Hände frei, um den Knoten zu legen. Man kann den Knoten auch von zwei Enden aus legen, die man in der Mitte über Kreuz gelegt hat, so daß man mit vier Parten arbeiten kann.

Abb. 148   Man legt zwei Enden kreuzweise übereinander und befestigt den Kreuzpunkt mit einer Stecknadel.
Abb. 149   Man legt die helle Schnur, die rechts unten liegt, mit einer Bucht über die dunkle Schnur. Und zwar gegen den Uhrzeiger. Der Kreuzpunkt ist festgepickt. Nun faßt man die dunklere Schnur, die ja jetzt unter der hellen liegt, und legt sie mit einer Bucht über die erste und die folgende helle Schnur hinweg. Auch diesmal wieder werden die Kreuzpunkte festgepickt. Nun wieder die helle Schnur fassen, die jetzt unter der dunklen liegt und mit einer Bucht über diese und die folgende dunkle Schnur hinweg legen. Zuletzt nimmt man die dunkle Schnur, die unter der hellen liegt, legt sie mit einer Bucht über diese helle und die nächste helle hinweg und zieht sie unter dem hellen Anfangsstück hindurch. Die Kreuzpunkte werden jeweils gut festgemacht. Man sieht jetzt, daß alle Schnüre jeweils durch eine Schlaufe hindurch gezogen worden sind. Man kann die Parten gleichmäßig anziehen, und der Knoten erhält seine Festigkeit. Ob man immer im Uhrzeigersinn arbeitet oder entgegengesetzt, spielt keine Rolle. Worauf es ankommt: man muß darauf achten, daß jede Schnur über zwei und unter einer liegen muß.

Abb. 150   Derselbe Knoten wie in Abbildung 149, jetzt fest angezogen.
Abb. 151   Die Hahnenpfote von der Rückseite her gesehen. Man sieht deutlich die Kreuzung der hellen und dunklen Schnur, wenn man den Knoten mit zwei Enden beginnt. Will man einen Strang oder Zopf aus Hahnenpfoten untereinander legen, dann muß man von dieser Rückseite des Knotens aus weiter arbeiten, das nämlich ergibt dann eine schöne Vorderseite.
Abb. 152   Den Schildknoten könnte man auch die „umgekehrte" Hahnenpfote nennen. Denn beim Schildknoten geht man nicht über die Schnüre hinweg, sondern jeweils darunter durch. Auch hier ist es egal, ob man im Uhrzeigersinn oder andersrum arbeitet. Will man einen Schildknoten aus zwei Enden machen, macht man zuerst eine Hahnenpfote, weil sonst die Kreuzung der Schnüre in der Knotenmitte zu sehen wäre. Man beginnt immer mit einer Hahnenpfote und arbeitet darunter durch mit Schildknoten. Man beachte genau den Schnurverlauf der Abb.
Abb. 153   Derselbe Knoten wie in Abbildung 152, jetzt fest angezogen. Einzeln gearbeitet, wird dieser Knoten auch der halbe Schildknoten, gedoppelt entsprechend der ganze Schildknoten genannt. Beide Bezeichnungen sind gebräuchlich. Also: Halber Schildknoten oder Schildknoten, Schildknoten oder doppelter Schildknoten.

Anwendungen
Hahnenpfote und Schildknoten haben beide starken Ornament-Charakter und können mehrfarbig gearbeitet werden. Da sie ziemlich dick sind, eignen sie sich ausgezeichnet als plastische Knoten-Kompositionen.

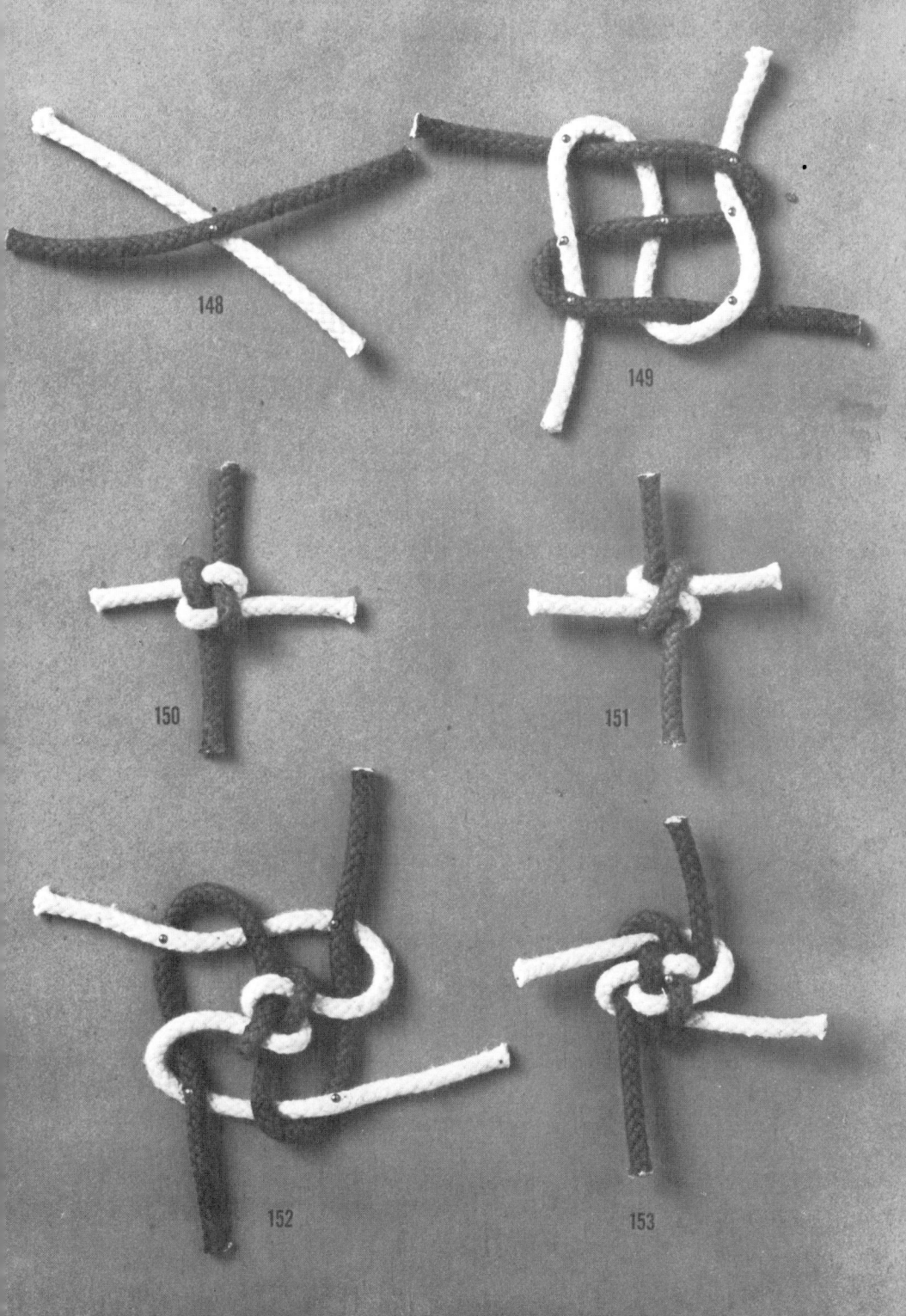

148

149

150

151

152

153

Plattings

In der Seemanns-Sprache redet man von Plattings, wenn man Zöpfe flicht aus Schnur, Garn oder Tauwerk. An erster Stelle soll hier die Kettenplatting (auch Kettenknoten genannt) besprochen werden. Sie wird benutzt, wenn man zum Beispiel ein Ende aufschießen will: ein Kettknoten verbraucht viel Länge, und zwar etwa dreimal soviel als die Länge, die schließlich übrig bleibt. Umgekehrt also: durch Kettenplatting bzw. Kettknoten kann man ein Ende um zwei Drittel verkürzen. Eine andere Eigenschaft: diese Platting ist relativ stark dehnbar. Sie ist genau genommen nichts anderes als der normale Kettknoten, wie er beim Häkeln angewandt wird. Auch der gestickte Kettknoten ist derselbe.

Abb. 154   In einem Ende wird ein Flachknoten gemacht, die (lange) Part dann als Schlinge durch die Bucht geholt. Dabei muß man darauf achten, daß die Part auch lang genug bleibt. Mit dem kurzen Tampen wird der Knoten strammgezogen. Mit der anderen Part wird dann wieder eine Schlinge durch die vorherige Schlinge gezogen, die erste dann fest angezogen. Es ist genauso, als ob man aus Kettknoten einen Zopf macht. Man beachte genau den Schnurverlauf der Abbildung.
Abb. 155   Dieselbe Reihe Kettknoten wie in Abb. 154, nur jetzt von der Rückseite her gesehen.
Abb. 156   Dies ist derselbe Kettknoten, aber man dreht die Schlinge jetzt jeweils einmal um: die linke Schnur kommt also nach rechts, die rechte Schnur nach links. Die einzelnen Schlingen werden auf diese Weise etwas fülliger, dadurch wiederum bekommt der ganze Zopf mehr Festigkeit und Haltbarkeit.
Abb. 157   Kettknoten aus zwei Schnüren gearbeitet. Man kann ein, aber auch zwei Enden nehmen. Hat man nur ein Ende, legt man in dessen Mitte eine Bucht, sodann einen Flachknoten und holt dann eine der Parten als Schlinge durch die Bucht des Knotens durch. Dann nimmt man die andere Part, macht eine Schlaufe damit und steckt diese durch die erste Schlaufe. Man zieht die erste Part an, wobei die zweite Schlinge wie von selbst angezogen wird. Dann legt man wieder in die erste Part eine Schlaufe und steckt diese durch die Schlaufe der zweiten Part. Die zweite Part wird angezogen und so weiter, bis daß allmählich ein Zopf entsteht. Dasselbe kann man auch mit zwei Enden machen.
Abb. 158   Derselbe Kettknoten, aus zwei verschiedenfarbenen Schnüren gemacht.
Abb. 159   Ein spezieller Kettknoten, der aus mindestens drei und höchstens sechs Schnüren gefertigt werden kann. Er wird nicht flach, sondern rund gearbeitet, und die einzelnen Knoten werden folgendermaßen gelegt: In die erste Schnur macht man den Ausgangsknoten. Dadurch steckt man eine mit der zweiten Part gebildete Schlaufe, dann zieht man die erste Part fest an. Dann legt man die Schlaufe in die dritte Part, steckt sie durch die vorherige Schlaufe und zieht die zweite Part an. Dann die Schlaufe in die erste Part machen und durch die vorige Schlaufe ziehen. Die dritte Part anziehen. So arbeitet man weiter rundum. Wobei man auch mehr als nur drei Schnüre nehmen kann. Man nennt dies den Kettzopf oder die Kettflechte.

Anwendungen
Man benutzt diesen Kettknoten, wenn man eine Schnur, Tauwerk oder anderes Material für eine begrenzte Zeit oder dauerhaft aufschießen will. Man kann sie auch gut als Gürtel, Armbänder oder Vorhangschnur verwenden, wobei ihre dekorative Wirkung bestens zur Geltung kommt.

154   155   156

157   158   159

Auf dieser Seite sehen wir verschiedene Plattings, die aus mehreren, teilweise auch mehrfarbigen Schnüren gearbeitet sind. In der Mitte der einzelnen Knotenzöpfe wurde jeweils ein großer Zierknoten eingearbeitet, die allerdings an dieser Stelle nicht besprochen werden sollen.

Abb. 160 Dies sind Hahnenpfoten, die jeweils nach einer Seite hin gearbeitet wurden. Es wurden zwei Schnüre benutzt, eine dunkle und zwei hellere. Dadurch bekommt der Zopf seinen Farbkontrast. Die Platting ist rund.
Abb. 161 Ebenfalls Hahnenpfoten, aber jetzt einmal rechts rum, einmal links rum gearbeitet. Es wurden drei Schnüre benutzt, eine dunkle und zwei helle. Die Platting ist dreikantig, man nennt sie deshalb auch die Dreikantplatting.
Abb. 162 Hahnenpfoten jeweils nach einer Seite gearbeitet. Das Material besteht aus vier Schnüren gleicher Farbe.
Abb. 163 Hahnenpfoten, einmal rechts und einmal links gearbeitet. Vier Schnüre gleicher Farbe. Durch das Um-und-Um-Arbeiten wird die Platting vierkantig und heißt deshalb auch die Vierkantplatting.
Abb. 164 Hahnenpfoten aus vier Schnüren in zwei verschiedenen Farben. Diesmal sind die Hahnenpfoten zwar zur selben Seite hin gearbeitet, doch wechselt jeweils die Farbe. Eine dunkle, eine helle, eine dunkle und eine helle Farbe. Da die Knoten stets zur selben Seite liegen und die Schnüre in ihrer Farbe jeweils um-und-um liegen, erhält die Platting deutlich sichtbar ein spiralförmiges Aussehen, was die Farbgebung betrifft.
Abb. 165 Hahnenpfoten aus vier Schnüren in zweierlei Farben. Die Knoten werden erst links, dann rechts gearbeitet. Es entsteht eine Vierkantplatting mit jeweils einer hellen und einer dunklen Kante.
Abb. 166 Hier wurde mit vier Schnü-

ren ein (halber) Schildknoten gemacht. Die Knoten sind jeweils rechts herum gelegt.
Abb. 167 Schildknoten (halber Schildknoten) aus vier Schnüren, doch wechseln jetzt Rechts- mit Linksknoten ab. Die Plattings werden eigentlich erst richtig wirksam, wenn man das Ganze ein wenig reckt, so daß die Schnüre zwischen den einzelnen Knoten eine gewisse Länge bekommen.

Anwendungen

All diese Plattings kann man ein- oder mehrfarbig machen, und sie wirken sehr dicht und fest. Außerdem sind sie ganz hübsch und zu allerlei Zwecken zu benutzen. Als Zugschnur, Hundeleine, Kopfband, bei Makramee-Arbeiten, als Tragriemen für Taschen, Gürtel oder Armbänder und dergleichen sind sie gut zu gebrauchen.
Um die Plattings der Abb. 170 und 171 machen zu können, sollte man zuerst die Abb. 168 und 169 aufmerksam ansehen. Es geht nämlich hier um rundgeflochtene Plattings.

Abb. 168 Hier sieht man deutlich, wie man eine rundgeflochtene Platting anfangen muß. Die Schnüre werden um einen Basisring herumgeschlagen, und zwar so, daß die beiden dunklen Parten an der linken Seite und die beiden hellen Parten an der rechten Seite hängen. Der Pfeil gibt an, wie die erste Part mit den anderen Parten verflochten wird. Weil diese Platting aus vier Parten oder Enden gemacht wird, nennt man sie auch ,,Viere rund''.

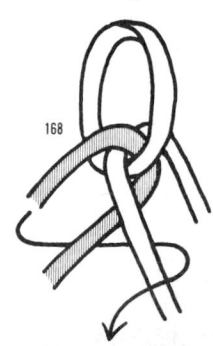

Abb. 169 Hier ist die zweite Phase beim Arbeiten von Rundplattings mit vier Parten zu sehen. Der Pfeil zeigt, wie die Schnüre verflochten werden müssen.

Abb. 170 Dies ist nun das Ergebnis: die Rundplatting „Viere rund". In Abb. 168 und 169 konnte man sehen, wie diese Plattings geflochten werden. Man kann als Ausgangsbasis auch einen Nagel oder einen Haken nehmen.

Abb. 171 Diese Platting wurde genauso gearbeitet wie die in Abb. 170, der Unterschied: die Schnüre wurden anders befestigt. Man nimmt eine dunkle, eine helle, dann wieder eine dunkle, eine helle Schnur. Das gibt dem Ganzen einen hübschen Farbkontrast.

Abb. 172 In der Seemannssprache heißt dies die Flachplatting. In Makramee-Begriffen spricht man von einem Jagdtaschenknoten. Der Arbeitsgang ist folgender: um ein Mittelstück aus einer oder aus mehreren Schnüren herum wird ein Flachknoten gelegt, und zwar einmal rechts, einmal links herum (Siehe auch Abb. 347).

Abb. 173 Seemännisch spricht man von der Schraubenplatting. In Makramee-Begriffen ist es der Flachknoten (Siehe Abb. 346). Er wird wie folgt gemacht: Flachknoten um eine Mittelfüllung herum, und zwar jeweils von derselben Seite her. In diesem Fall wurden die Knoten immer von der linken Seite her gemacht. Dadurch erhielt

die Platting eine Drehung von links oben nach rechts unten.

Abb. 174 Hier eine Variante der Platting von Abb. 172. Diesmal wurde jeweils nur um eine der beiden Mittelschnüre herum gearbeitet. Die Schnüre sind auch verschiedenfarben.

Abb. 175 Eine Variante der Platting von Abb. 173. Es wurde nur um eine der beiden Mittelschnüre herum gearbeitet, und zwar immer von derselben Seite aus. Auch diesmal sind die Schnüre verschieden in der Farbe.

Abb. 176 Seemännisch ausgedrückt: eine scharfe Schrauben-Platting. In Makramee-Begriffen ist es der Längscordon (Siehe Abb. 348). Man arbeitet mit einer losen Part um eine feste Part herum, die man straff hält. Und zwar legt man mit der losen Part – jeweils von derselben Seite aus – Flachknoten um die feste Part.

Abb. 177 Eine Variante der Platting von Abb. 176. In Makramee spricht man vom Frivolitäten-Knoten (Siehe Abb. 349). Man arbeitet mit der freien Part um eine feste Part herum, und zwar in Flachknoten, die einmal von oben nach unten, dann von unten nach oben gelegt werden. Die feste Part muß straff gehalten werden.

Anwendungen

Diese Plattings kann man in den verschiedensten Werkstücken verwenden. Meist sieht man sie in Makramee-Arbeiten, aber auch in seemännischem Tauwerk sind sie gut verwendbar. Will man mehrere Schnur- oder Fadengebilde miteinander verbinden, lassen sich aus diesen Plattings ganze Strukturen aufbauen.

Der Sternknoten

Dies ist ein besonders schöner Zier-knoten, der jedoch schon einige Erfahrung im Umgang mit Knoten verlangt. Am besten gelingt er, wenn man die einzelnen Schnüre beim Arbeiten auf einer Unterlage festpickt.

Abb. 178 Das ist die Basis des Stern-knotens. Zur Übung nimmt man erst einmal vier Enden und bindet die vier Tampen zusammen. Man schneidet die Tampen sehr kurz ab und legt das Ganze auf eine Unterlage, auf der man es gut feststecken kann. Nun nimmt man in jede Hand eine Part und legt mit der anderen Part einen halben Schlag um diese erste (macht also einen Flach-knoten). Sind alle Parten einmal um eine andere Part geschlagen, zieht man den Knoten gleichmäßig an. Aber auf-gepaßt: Zieht man eine Part stärker als die anderen an, ,,kippt" der Knoten um. Auf dem Foto ist der Schnurverlauf genau zu sehen.

Abb. 179 Die Basis ist dieselbe wie in Abb. 178, doch jetzt wird der nächste Schritt getan. Man nimmt wieder in jede Hand eine Part, und zwar die linke Part in die linke, die rechte Part in die rechte Hand. Man legt mit der rechten Part einen halben Schlag um die linke Part. Dann dreht man den Knoten um 90 Grad nach rechts. Die linke Part ist nun zur rechten Part geworden. Und die vorher links davon gelegene Part ist nun zur linken Part geworden. Und wieder legt man mit der rechten Part einen halben Schlag um die linke Part. So macht man weiter, bis daß die letzte Part wieder mit der ersten verknüpft ist. Man beachte genau den Schnurverlauf der Abbildung und achte auch darauf, daß die Schnüre gleichmäßig ange-zogen werden.

Abb. 180 Hier sieht man den vier-teiligen Sternknoten fix und fertig, Vierteilig heißt, daß der Knoten aus vier Parten geknüpft ist.

Abb. 181 Diesmal wurde mit sechs Schnüren gearbeitet. Zuerst wurden einige Hahnenpfoten gemacht, dann der Sternknoten und dann wieder Hahnenpfoten. Den Abschluß bildet ein Schildknoten. Die hervorste-henden Parten sind ins Knoteninnere weggesteckt worden. So sieht der Knoten sehr schön aus.

Abb. 182 Dieses Knoten-Ornament baut sich spielerisch auf aus Stern-knoten und Hahnenpfoten, die links- und rechtsherum gemacht sind. Einige Schnüre werden nicht mit verknüpft, sondern hängen außen an den Knoten herab, um erst später wieder mit ver-knüpft zu werden. Auch dies gibt dem Ganzen wieder einen zusätzlichen Reiz. Oben am Kopf sind alle Schnüre wieder vereint und – bis auf einen – in den Knoten hineingesteckt worden. Das so entstandene Gebilde eignet sich sehr gut als verzierte Zugschnur.

Anwendungen

Den Sternenknoten kann man sehr gut in den verschiedensten Knotenge-bilden verwenden. Besonders mit seinem Schmuckcharakter gibt er jedem Knotengebilde eine gewisse Fülle. Er kann aus mehreren Schnüren gebildet werden. Man muß nur immer darauf achten, daß man alle Schnüre gleichmäßig straff zieht, weil der Knoten sonst ,,umklappt" und den für ihn typischen Effekt verliert. Man kann den Sternknoten gut als ver-zierte Zugschnur oder als Füll-Orna-ment einsetzen.

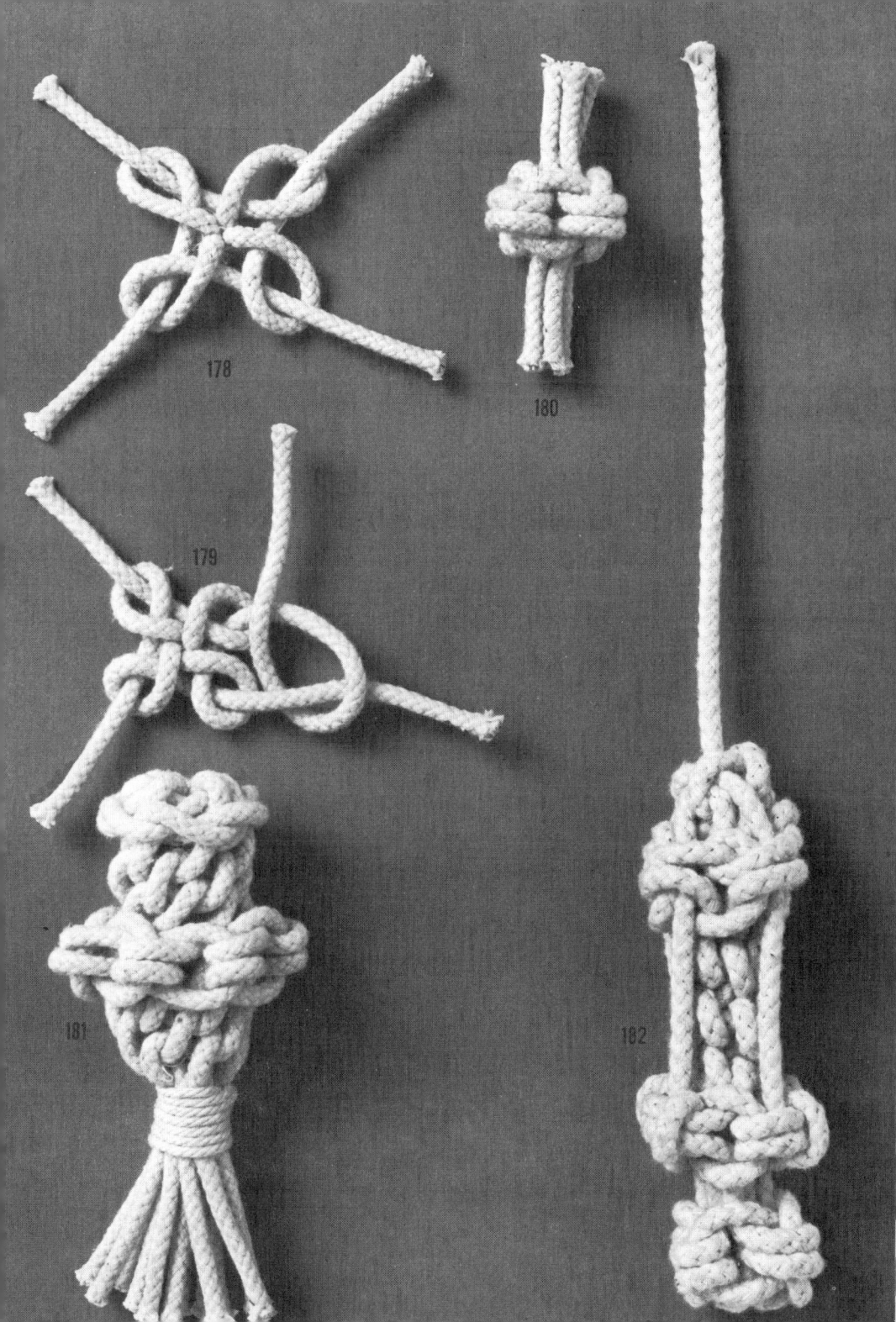

178

179

180

181

182

Josefinen-Knoten

Dieser Knoten hat mehrere Namen. In Deutschland wird er auch der Isabellen-Knoten genannt. In England heißt er Victoriaknoten. Man nennt ihn den Josefinenknoten, wenn er aus zwei Enden gemacht ist. Legt man den Knoten aus einer Bucht in einem Ende – dann heißt er Victoriaknoten. Welchen Namen man ihm auch gibt: auf jeden Fall handelt es sich um einen der schönsten Zierknoten. Man achte jedoch stets darauf, daß der Knoten straff angezogen ist. Er kann schon eine Menge Zugkraft vertragen. Wie nun legt man den Knoten am besten?

Man geht so vor wie in Abb. 351 und 352 zu sehen ist und zieht die beiden Seitenbuchten etwas auseinander. Man legt einen Finger auf den Mittelteil des Knotens und zieht die beiden nach außen gehenden Parten etwas an. Wenn man meint, der Knoten sei etwas zuviel nach unten gelegt worden, kann man ihn nach oben verschieben, indem man die Seitenbuchten etwas auseinanderzieht. Dann zieht man ihn vorsichtig wieder »auf Maß«, bis daß er schön glatt liegt. Es ist eigentlich ein Flechtknoten, der rund gearbeitet wird.

Abb. 183 Josefinenknoten, mit zwei Enden gemacht. Man erhält vier auseinandergelaufene Parten, mit denen man weiter arbeiten kann. Um den Knoten zu legen, soll der Schnurverlauf genau beachtet werden. (Siehe Abb. 351 und 352).

Abb. 184 Victoriaknoten. Dies ist der Josefinenknoten, wenn man ihn aus einer Bucht in der Mitte eines Endes heraus macht. Man legt zuerst in ein Ende eine Bucht und dann mit den beiden Parten den Knoten, wie es die Abb. 184 und die Abb. 351 und 352 zeigen.

Abb. 185 Victoriaknoten. Man macht den Knoten und schlägt dann die beiden aus den Seitenbuchten herauskommenden Parten umeinander und legt sie als Schlaufe. Der Knoten selbst wird sodann zweimal gedoppelt, die Schlinge nur einmal. Die Kreuzpunkte in der Schlinge kann man auf der Rückseite festnähen, so daß das Ganze mehr Halt bekommt. Dieser Knoten eignet sich gut als Knopfverschluß. In größeren Dimensionen läßt er sich gut aus Peddigrohr oder Bambus machen. Dann hat man einen schönen Fächer oder die Ausgangsbasis eines Teppichklopfers.

Abb. 186 Victoriaknoten als vierblättrige Rosette. Die vierte Bucht wird dadurch gebildet, daß eine der beiden herausführenden Parten der anderen folgt, wobei der Knoten gedoppelt wird. Die beiden Tampen werden auf der Rückseite vernäht und verleimt. Diesen Knoten kann man auch aus Peddigrohr oder dünnem Bambus machen. Man erhält dann Untersetzer, Lampenschirme oder Ornamente in Korbmöbeln.

Abb. 187 Dies ist derselbe Knoten wie in Abb. 186. Der Unterschied: hier ist der Knoten räumlich rund, während der andere flach gearbeitet wurde. Diese runde, vierblättrige Rosette ist eigentlich ein türkischer Knoten. Dieser türkische Knoten ist zweimal gedoppelt. Man macht ihn folgendermaßen: wenn der Knoten noch flachliegt, beginnt man damit, eine der beiden herausstehenden Parten vorsichtig anzuziehen. Das macht man an allen Buchten solange, bis der Knoten überall gleichmäßig straff gezogen ist. Wenn man eine vier-, fünf- oder sechsblättrige Rosette zu einer Kugel festziehen will, ist es im Prinzip derselbe Arbeitsvorgang.

Abb. 188 Victoriaknoten. Die vierte Bucht, in diesem Fall durch eine der herausführenden Parten gebildet, ist größer als die anderen Buchten gehalten. Ein solcher Knoten kann als Schlußornament verwendet werden. An Ruderbooten oder nicht zu großen

Segel- und Motorschiffen kann ein solcher Knoten – aus Want – oder aus Kardeelschlag gemacht – als schöner und flacher Fender benutzt werden.
Abb. 189 Josefinenknoten. Diesmal sind zwei der vier Parten zu Schlingen ausgearbeitet worden. Man kann einen solchen Knoten deshalb sehr gut als doppelten Abschlußknoten (oder als doppelten Knopfverschluß) verwenden.

Anwendungen

Den Josefinenknoten benutzt man hauptsächlich als dekoratives Knoten-Gebilde. Man muß nur verhindern, daß er unter Zugbelastung kommt – denn durch Zug wird er „verzogen" und übrig bleibt statt des Knotens eine häßliche Knüddelei. Läßt es sich nicht verhindern, daß doch noch von einer Seite Zugbelastung entsteht, muß man den Knoten festnähen. Häufig kann man ihn als Abschluß-ornament (auch an Knopflöchern) oder auch als Fächer verwenden. Die Auswahl des Materials hängt vom Verwendungszweck ab.

JÄCKCHEN

Dieses Jäckchen ist mit einem Ornament aus Smyrnawolle verziert. In dem Ornament sind sogenannte Ozean-Matten verarbeitet. Das Ornament ist der Flächenwirkung angepaßt. Mit kleinen Stichen wurde es auf dem Stoff befestigt.

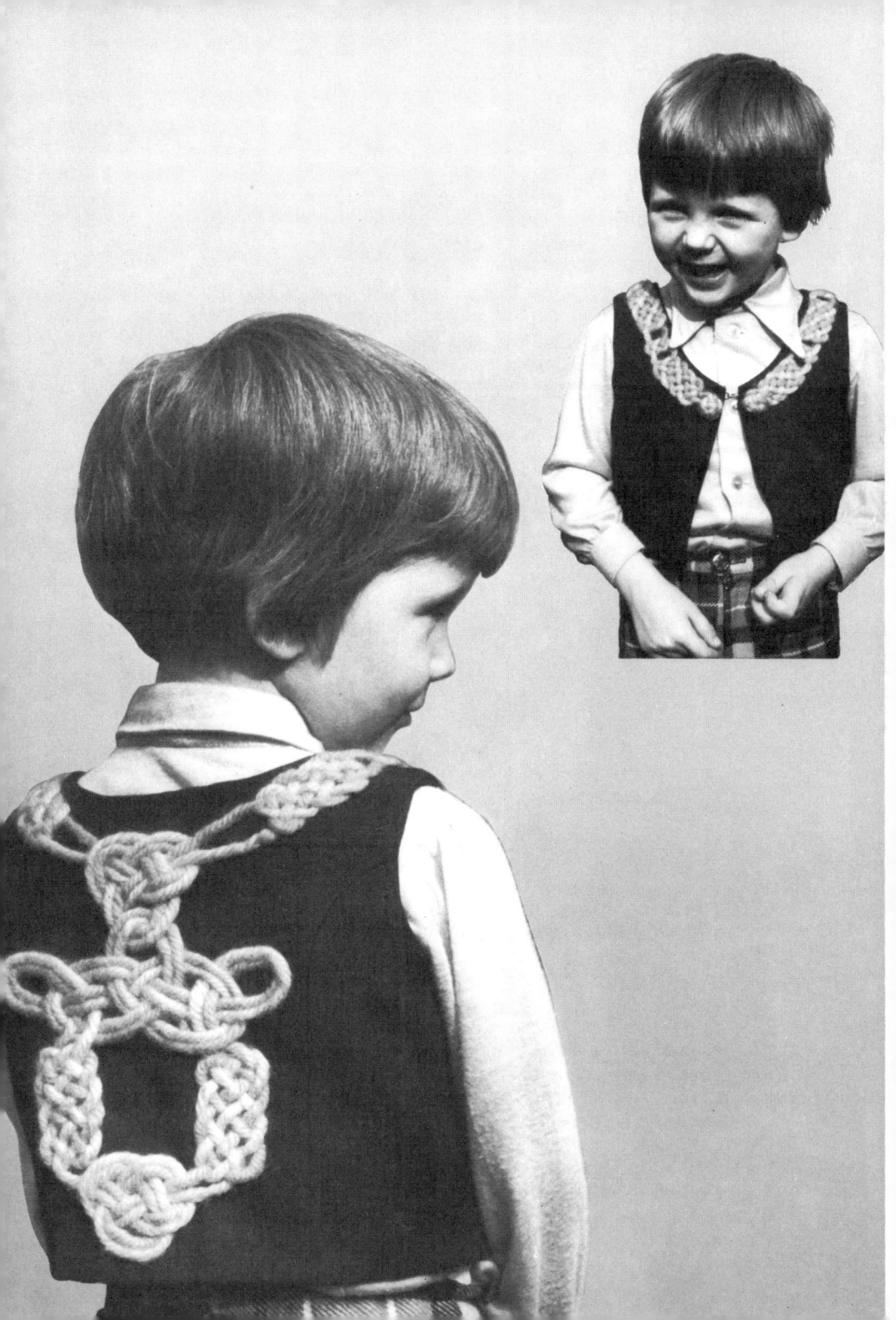

Varianten des Josefinenknotens

Abb. 190 Man nimmt zwei Enden und macht in der Mitte einen Josefinenknoten. Dann biegt man an beiden Seiten die Parten so weg, daß man wiederum Josefinenknoten legen kann: und zwar an der Seite des Knotens, das heißt also auf den Seitenbuchten des ersten Knotens. Die neuen Knoten sollen senkrecht zum ersten Knoten stehen. Dieser erste liegt also waagerecht, die folgenden senkrecht.

Abb. 191 Dieser Knoten ist genau so gemacht wie der in Abb. 190. Der einzige Unterschied: in diesem Falle wurde keine Schnur, sondern gefärbter Lederriemen verwendet. Man knüpft mit vier Enden, die man zwei und zwei zusammen legt. Dann macht man einen waagerecht liegenden Josefinenknoten. Die herausführenden Parten werden links und rechts so gebogen, daß man auf die Seitenbuchten des ersten Knotens wiederum senkrecht gearbeitete Josefinenknoten legen kann. Die Knoten können dann noch gedoppelt werden. Dazu muß man sie relativ locker legen und die Buchten mit Stecknadeln gegen Verrutschen sichern. Zwei Schnüre gleichzeitig verarbeiten und dann noch einmal doppeln, das ist schon einigermaßen schwierig, wenn man den Knoten zudem noch schön flach halten will. Als Spangenornament ist ein solcher Knoten sehr dekorativ. An der Rückseite kann man noch Haken annähen, die ihrerseits wieder in Ösen greifen.

Abb. 192 In die Mitte eines Endes legt man eine Bucht und macht einen Victoriaknoten. Die herausführenden Parten werden nach unten gebogen. Dann macht man damit unter den schon gelegten Knoten einen Josefinenknoten. Eine der beiden Parten läßt man der anderen Part folgen und doppelt auf diese Weise den Knoten. Die Tampen werden auf der Rückseite eingearbeitet. Die Knoten liegen hier senkrecht, wurden aber waagerecht gearbeitet.

Abb. 193 Dieses Armband wurde auf Schnur gemacht. Zuerst macht man einen senkrecht gearbeiteten Victoriaknoten. Dabei achte man darauf, daß das Ende lang genug ist, weil sonst das Armband nicht mehr gedoppelt werden kann. Der Arbeitsvorgang ist genau derselbe wie bei der vierblättrigen Rosette von Abb. 186. Die Bogen an der Unter- und Oberseite werden jedoch so groß angelegt, daß man sie auch übers Handgelenk streifen kann. Erst dann, wenn das ausprobiert ist, zieht man sie fest an und doppelt sie.

Abb. 194 Der „true love for ever"-Knoten. Bei diesem Armband wurde der Victoriaknoten waagerecht gearbeitet, und die beiden weit ausgelegten Bogen wurden nach hinten gebogen. Auch diesmal wurde das Armband erst einmal übers Handgelenk gestreift und dann erst gedoppelt und fertig gemacht. Seeleute haben solche Armbänder früher ihren Bräuten geschenkt. Sie wurden am Handgelenk sehr fest angebunden und konnten nicht mehr abgestreift werden. Daher rührt wahrscheinlich auch der Name „Matrosenliebe" oder "true love for ever" her.

Anwendungen

Den Josefinen- und Victoriaknoten gibt es in vielen Abarten. Indem man sie abwechselnd senkrecht und waagerecht arbeitet, entsteht ein reizvolles Wechselspiel von Linien und Ornamenten. Man kann einen Josefinenknoten nur schwer zweckgebunden in ein Werkstück einbauen, denn er hält keine Zugkraft aus. Aber als rein dekoratives Element eignet sich gerade dieser Knoten in vielerlei Knüpfwerk. Auch in bezug auf die Materialauswahl gibt es unendlich viele Möglichkeiten. Aus etwas steiferem Material gearbeitet, beispielsweise aus Peddigrohr oder Bambus, kann man mit diesem Knoten besonders an Möbeln sehr schöne Ornamente flechten.

Erweiterung des Josefinenknotens durch einen Extraschlag auf den beiden Seitenbuchten

Abb. 195   Man legt, wie gewohnt, in der Mitte eines Endes eine Bucht und macht einen Victoriaknoten. Nun zieht man die beiden Parten unten aus den beiden Buchten heraus, so daß die Parten an der linken Knotenseite über zwei, die an der rechten Knotenseite unter zwei Schnurwindungen zu liegen kommen.

Abb. 196   Man legt den Knoten auf genau dieselbe Weise wie in Abb. 195 beschrieben. Dann legt man mit den beiden Parten sowohl an der linken wie an der rechten Seite des Knotens eine Bucht außerhalb der Seitenbuchten. Nun flicht man die Parten durch diese Bucht und die Seitenbucht durch, wie es die Abbildung zeigt. Das Ganze erhält dadurch eine festere Verflechtung. Für den beim Knüpfen weniger Geübten empfiehlt es sich, die Buchten während dieses Vorgangs mit Stecknadeln festzupicken, so daß sie nicht verrutschen können.

Abb. 197   Dieser Knoten wird genau so wie in Abb. 195 und 196 gemacht. Der Unterschied: er ist jetzt gedoppelt. Wenn man noch einmal den Knoten in Abb. 196 genau betrachtet, sieht man, daß er an der Unterseite vier Buchten hat. In Abb. 197 kann man fünf Buchten an der Unterseite erkennen. Diese fünfte Bucht entsteht automatisch, wenn man den Knoten doppelt. Wenn man die eine freie Part den anderen folgen läßt, bildet sich diese fünfte Bucht, die dem Knoten einen gewissen Abschluß gibt. Man kann auch erkennen, daß der Knoten in der Mitte zweimal gedoppelt ist, während der Rest nur einmal doppelt liegt. Das kam so: eigentlich hätte die eine Part an der Unterseite des Knotens herauskommen müssen. Das ist hier deshalb nicht der Fall, weil die eine Part systematisch gelöst wurde, und weil man die andere Part hineingeflochten hat. Auf diese Weise kommt man dort aus, wo sich die beiden Parten in der Mitte kreuzen. Dort wird dann auch der Extraschlag gemacht, wodurch dann der Knoten in der Mitte zweimal gedoppelt wird.

Abb. 198   Dieser besonders ornamentale Knoten wird folgendermaßen gemacht: in der Mitte eines Endes legt man eine Bucht und macht einen Victoriaknoten. Die beiden Parten holt man unten aus den Buchten wieder heraus und macht damit an den beiden gegenüberliegenden Seiten des Knotens Extraschläge. Anstatt eines einzigen Extraschlags wurden hier zwei Extraschläge gemacht, deren Schnurverlauf man auf der Abbildung deutlich erkennen kann. Die herausführenden freien Parten wurden schließlich nach unten weggebogen, dann ein Josefinenknoten gemacht, mit zwei Extraschlägen auf den Seitenbuchten, und darunter wurde der Knoten wieder mit einem Josefinenknoten abgeschlossen, diesmal ohne Extraschläge auf den Seitenbuchten. Dieser Knoten ist in seiner ganzen Ablage sehr ornamental. Um zusätzliche Festigkeit zu erzielen, kann man ihn doppeln. Der Knoten verbraucht ziemliche Schnurlänge, besonders wenn man ihn noch doppeln will. Das sollte man rechtzeitig bedenken, bevor man sich ans Knüpfen macht.

Anwendungen

Der Josefinen- oder Victoriaknoten kann auf mancherlei Art ausgebaut und erweitert werden. Die dabei entstehenden Ornamente sind sehr dekorativ und mannigfach verwendbar. Man kann sie doppeln, auf der Rückseite an den Kreuzpunkten festnähen und dann als Anhänger, als Wandschmuck oder in Spannrahmen verwenden. Auch als Applikation an Kleidungsstücken machen sie sich gut, besonders dann, wenn man dazu Wolle verarbeitet. Lederne Schnüre oder Riemen machen sich ebenso hübsch.

Flechtarbeit

Der Dreierzopf

Flechtarbeit hat seit Jahrhunderten bei allen Völkern große Bedeutung gehabt. Nicht nur das Haar wurde erfindungsreich zu oft tollen Frisuren geflochten, man stellte mit Flechtarbeit auch Körbe, Gürtel, Schuhsohlen, Wandbekleidung und Dachmaterial her. Zum Beispiel flocht man einen langen Zopf und rollte ihn zu einer Schuhsohle zusammen, nähte die einzelnen Windungen aneinander und erhielt so einen primitiven Schuh, wie man ihn auch heute teilweise noch in Spanien trägt.

Die bekannteste Form der Flechtarbeit ist der Dreierzopf. Er entsteht aus drei Schnüren, die miteinander verflochten sind. Man kann auch sechs oder neun Schnüre nehmen, aber dann muß man die Zahl jeweils durch drei teilen – so daß man schließlich doch wieder nur drei Stränge hat. In Wirklichkeit sorgt immer nur einer der drei Stränge dafür, daß das ganze Geflecht Halt bekommt. Die beiden anderen Stränge oder Schnüre liegen einfach nur übereinander. Die Hauptschnur geht dann mal über die eine, mal über die andere Schnur hinweg und sorgt für einen festen Zusammenhalt des Geflechts. Ein Dreierzopf besteht eigentlich aus lauter Bögen. Deshalb ist der Zopf auch in jeder Form biegbar. Auf die Schnüre kann man vorher Perlen aufreihen, die man dann beim Flechten in die Bögen bzw. Buchten schiebt. Über Flechten und seine Anwendungen könnte man ganze Bände schreiben. Hier sei es auf eine kurze Übersicht beschränkt.

Abb. 199 Dies ist der normale Dreierzopf, aus dem diejenige Schnur, die für den Zusammenhalt sorgt, teilweise herausgezogen worden ist. Dadurch kann man deutlich sehen, daß die beiden anderen Schnüre einfach nur übereinander liegen.

Abb. 200 Der normale Dreierzopf. Die Schlangenlinien der Schnüre sind gut zu erkennen. Man nimmt drei Schnüre und legt sie oben eng nebeneinander oder steckt sie mit Stecknadeln auf einer weichen Unterlage nebeneinander fest. Zuerst legt man zum Beispiel die linke Schnur über die mittlere, dann die rechte Schnur über die linke, die jetzt in der Mitte liegt. Dann die mittlere über die rechte, die jetzt in der Mitte liegt. So werden die äußeren Schnüre der Reihe nach über die mittlere gelegt. Auf diese Weise entsteht automatisch ein Dreierzopf.

Abb. 201 Ein normaler Dreierzopf, aber jetzt fest angezogen, so daß eine dichte Struktur entsteht. Würde man an einer der Bögen des Geflechts ziehen, entstünde eine Schlaufe. Man kann also einen Zopf verkürzen, indem man an den gegenüberliegenden Seitenbögen zieht. Ein Zopf ist also sowohl in der Länge wie in der Breite dehnbar.

Anwendungen

Dieser Dreierzopf wird meistens beim Haareflechten angewandt. Außerdem kann man einen solchen Zopf zu allem gebrauchen, mit dem man einen langen Schweif machen will. Der kann dann in allen möglichen Formen gebogen oder gelegt werden, die man irgendwie festnäht. Außerdem kann man den Zopf aufrollen zu einer Sohle oder einem Tisch-Untersetzer und die Stränge miteinander vernähen. Der Zopf kann auch aus verschiedenfarbigen Strängen bestehen oder mit Perlen besetzt sein. Möglichkeiten also genug, um selbst aus dem einfachsten Dreierzopf etwas Schönes oder Zweckmäßiges zu machen.

Der wesentliche Unterschied zwischen dem ungeraden und dem geraden Zopf

Wenn man über Flechten und Zöpfe redet, denkt man automatisch an den normalen Dreierzopf, weil er die meist angewandte Form des Flechtens darstellt. Er ist ein ungerader (oder unpaariger) Zopf. Man kann aber mit einer willkürlich gewählten Zahl von Fäden, Schnüren, Tauen oder anderem Material Zöpfe flechten. Hier zuerst ein Blick auf das ungerade Geflecht.

Teilt man eine ungerade Zahl in zwei Teile, erhält man eine gerade und eine ungerade Zahl Schnüre. Hat man zum Beispiel ein Fünfer-Geflecht, dann teilt man die Schnüre auf in zwei Teile mit drei und mit zwei Schnüren. Man beginnt ein ungerades Geflecht immer, indem man die Schnüre in zwei Teile teilt. Dann beginnt man auf der Seite zu flechten wo die meisten Schnüre liegen, im Falle des Fünferzopfes also auf der Seite, wo die drei Schnüre sind. Die ganz außen liegende Schnur legt man über die am nächsten liegende Schnur hinweg und unter die folgende hindurch. Diese Schnur, mit der man den Flechtvorgang macht, legt man nun zu den beiden Schnüren, die man noch nicht verflochten hat. Man hat auf dieser Seite also nun ebenfalls drei Schnüre. Nun faßt man auch an dieser Seite die ganz außen liegende Schnur, legt sie über die am nächsten liegende Schnur hinweg und unter der folgenden drunter durch. Und wieder hat man auf dieser Seite drei Schnüre. So flicht man weiter, wobei man immer dort beginnt, wo die meisten Schnüre liegen. Bei einer ungeraden Anzahl legt man jeweils die Schnüre von beiden Seiten aus über die nächstliegende Schnur hinweg. Will man die Schnüre lieber unten durch legen, legt man sie von beiden Seiten aus unter der nächstliegenden Schnur durch. Dies im Gegensatz zu einem geraden (oder paarigen) Geflecht. Dort wird die Schnur von der einen Seite aus über die nächstliegende Schnur hinweg, von der anderen Seite unter der nächstliegenden Schnur durch gelegt. Als Beispiel sei hier der Viererzopf angeführt. Man teilt die Anzahl der Schnüre wieder in zwei Teile, hat also auf beiden Seiten je zwei Schnüre liegen. Angenommen, man beginnt nun, auf der rechten Seite die ganz außen liegende Schnur über die nächstliegende zu legen, dann behält man rechts nur eine Schnur übrig. An der linken Seite liegen nun drei Schnüre. die äußere davon nimmt man und legt sie unter die daneben liegende Schnur hindurch und über die nächste hinweg. Jetzt hat man an der rechten Seite wieder zwei Schnüre und links ebenfalls zwei. Man beginnt wieder von rechts die Schnur oben drüber hinweg zu legen, von links wird sie drunter her geführt. Das gilt für alle geraden (paarigen) Geflechte, ob man nun von rechts oder von links aus arbeitet. Fängt man auf der einen Seite oben drüber an, muß auf der anderen Seite automatisch unten drunter gearbeitet werden. Also: ungerader Zopf von beiden Seiten aus drüber hinweg arbeiten. Gerader Zopf: von der einen Seite drüber weg, von der anderen Seite drunter her arbeiten.

Das ist im wesentlichen der Unterschied zwischen einem geraden und ungeraden Zopf (oder paarigen und unpaarigen Geflecht).

Abb. 202 Der Dreierzopf, ausgehend von einem sehr fest angezogenen Victoriaknoten. Die dritte Schnur wurde durch den Knoten hindurchgeflochten.

Abb. 203 Viererzopf, ausgehend von einem Flachknoten. Man nimmt zwei Enden und legt in deren Mitte einen Flachknoten. Die freien Parten werden nach unten gebogen und zu einem Viererzopf verarbeitet.

Abb. 204 Fünferzopf. Ausgangsbasis ist ein Flachknoten mit einer Anzahl Extraschläge. Bevor der Knoten straffgezogen wurde, wurden drei Extra-

74

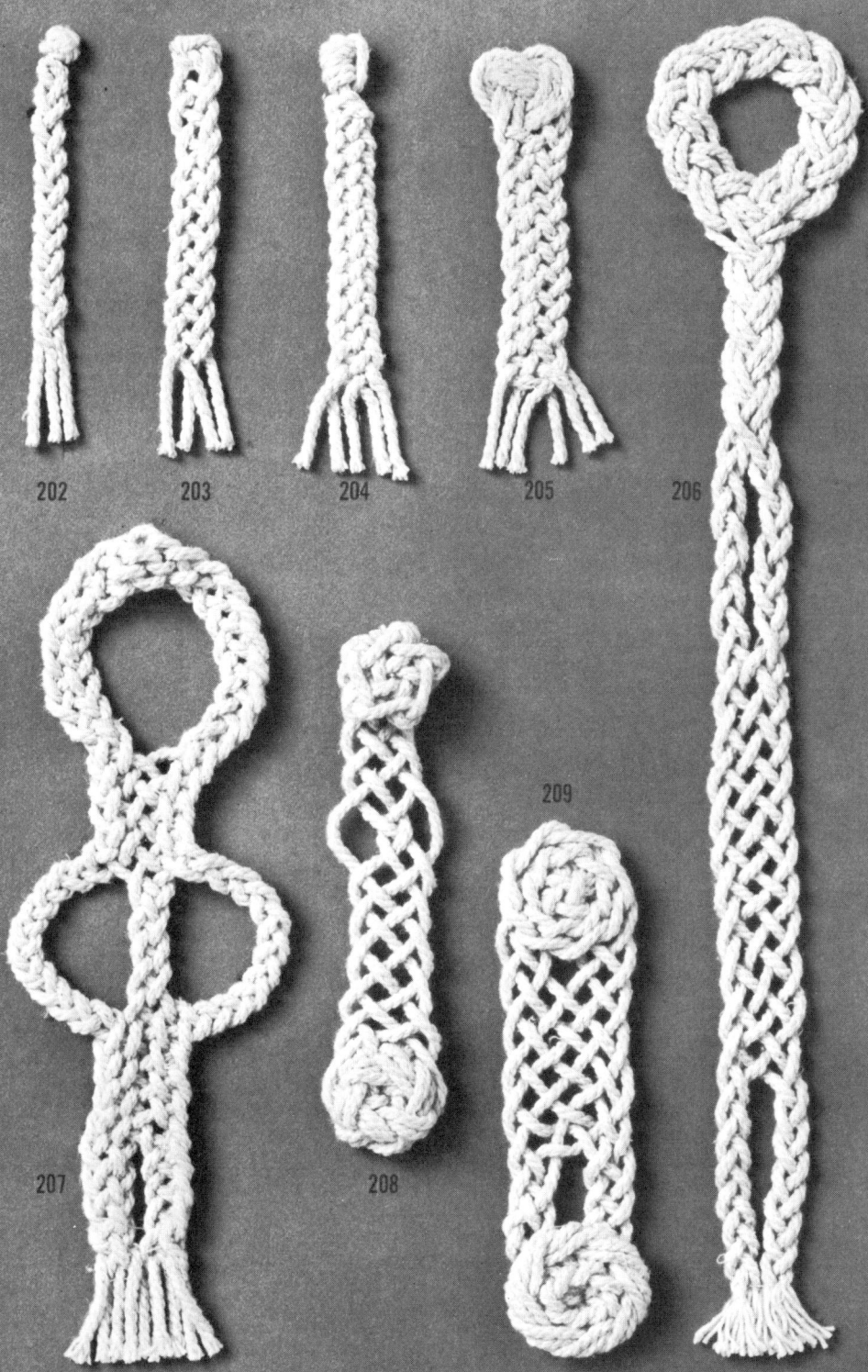

202   203   204   205   206

207   208   209

schnüre durch die Knoten gezogen. Auf diese Weise werden die Extraschnüre im Knoten fest bekniffen. Im Anschluß daran wurde der Fünferzopf geflochten.

Abb. 205 Der Sechserzopf, ausgehend von einem Flachknoten, der mit drei Enden gleichzeitig geknüpft ist. Die freien Parten werden nach unten gebogen, und dann wird der Sechserzopf geflochten.

Abb. 206 Diese Abbildung zeigt auf, welche Möglichkeiten ein Sechserzopf bietet. Der Ring oben ist ein türkischer Knoten, auch Türkischer Bund genannt. Er wurde um ein Rundholz herum gearbeitet (Siehe Abb. 228). Der Knoten ist einmal gedoppelt und dann flach hingelegt worden. Man braucht ein sehr langes Ende Schnur, weil ja später noch damit geflochten werden soll. An diesem Knoten wurden zwei Enden befestigt, wobei die Bucht in der Mitte des Endes in dem Türkischen Bund festsitzt. Man erhält auf diese Weise vier Extra-Parten zusätzlich zu den zwei freien Parten, die aus dem Türkischen Bund herausstehen. Unterhalb des Türkischen Bunds wurde mit allen sechs freien Parten ein Dreierzopf geflochten, wobei die Parten immer zu zweit zusammengeflochten sind. Weiter unten ist das Geflecht aufgeteilt in zwei Dreierzöpfe, wobei darauf zu achten ist, daß die Anzahl der Schläge gleich bleibt, so daß die Zöpfe schön parallel verlaufen. Bevor man einen Zopf aufteilt oder zusammenfügt, nimmt man die Schnüre am besten zwischen die Finger und steckt eine Stecknadel quer durch (Siehe Abb. 210, 212), weil die Schnüre die Neigung haben, aus der Schlangenlinie herauszulaufen. Die Schnüre sind wieder zusammengeflochten zu einem Sechserzopf und schließlich wieder aufgeteilt in zwei Dreierzöpfe. So läßt sich mit sechs Schnüren endlos weiter verfahren.

Abb. 207 Zu Beginn dieser Form wurde erst eine Hahnenpfote aus fünf Enden gemacht (Siehe Abb. 148). Links und rechts davon sind die Parten in Fünferzöpfen weiter verarbeitet. Unterhalb der runden Form sind die Parten zusammengefügt, mit Nadeln durchstochen und dann in einem Zehnerzopf verflochten. Dabei muß eins beachtet werden: würde man die beiden Fünferzöpfe ohne weiteres von beiden Seiten aus über die äußeren Parten legen, dann gäbe es Schwierigkeiten, wenn man diese beiden Zöpfe zu einem Zehnerzopf zusammennehmen wollte. Denn dies ist ein paariger Zopf: und der wird bekanntlich von einer Seite aus drüber, von der anderen her drunter durch gearbeitet. Also muß man den einen Fünferzopf jeweils drüber, den anderen jeweils drunter legen. Genau dasselbe gilt für den Dreierzopf aus Abb. 206, wenn man ihn zu einem Sechserzopf zusammenflechten will. Wenn der Zehnerzopf lang genug ist, steckt man wieder eine Nadel hindurch und teilt ihn auf in zwei Dreierzöpfe (aufpassen: einmal drunter, einmal drüber!) und in einen Viererzopf, der in der Mitte liegt. Als nächstes dann wieder ein Zehnerzopf, der in zwei Fünfer aufgeteilt wird.

Abb. 208 Dieser Fünferzopf beginnt mit einem Sternknoten, der aus fünf Enden gemacht wird (Siehe Abb. 178). Unterhalb des Knotens setzt dann der Fünferzopf an, der aufgeteilt wird in einen Dreierzopf in der Mitte sowie links und rechts davon eine einzelne Schnur. Diese frei liegenden Schnüre sind etwas länger gehalten als der Zopf, wodurch die Bögen entstehen. Danach sind die Parten wieder zusammengeflochten zu einem Fünferzopf. Den Abschluß bildet ein Fantasieknoten. Die Schnüre sind jeweils mit Nadeln durchstochen.

Abb. 209 Hier geht ein Achterzopf von einem rosettenartigen Knoten aus, der aus Hahnenpfoten und Schildknoten aufgebaut wurde. In der Mitte der beiden Enden ist eine Hahnenpfote gelegt, die nachher umgedreht wird. Auch in zwei anderen Enden ist in der Mitte eine Hahnenpfote gelegt worden. Diese beiden werden aufeinander gelegt, und die acht Parten sind mit Schildknoten zu einer Art Rosette verarbeitet. Die freien Parten werden dann durch den Knoten hindurch nach hinten gesteckt und nach unten gebogen und schließlich zu einem Achterzopf zusammengebunden. Der wiederum teilt sich weiter unten auf in zwei Vierer. Den Abschluß bildet ein Fantasieknoten.

Anwendungen

Flechtarbeiten und Zöpfe lassen sich in vielen Werkstücken anwenden. Man kann ganz offene oder sehr fest geflochtene Strukturen nehmen. Ein ganz einfach geflochtener Zopf kann als Tresse oder Bändchen ein Kleid verzieren. Etwas schwierigere Strukturen kann man in einen Spannrahmen einbauen oder als Fensterschmuck aufhängen. Eine in zwei Teile gespaltene Struktur macht sich sehr gut als Verzierung eines Knopflochs.

Zöpfe werden geteilt und wieder zusammengeflochten

Zöpfe bestehen aus Schnüren und Strängen, die in Schlangenlinien übereinander liegen. Löst man die einzelnen Schnüre, haben sie das Bestreben, sich aus dieser Schlangenlinie zu befreien. Dies kann man verhindern, indem man Nadeln durch die Schnüre steckt. Man kann sie auch mit einem Draht oder einem Bindfaden provisorisch festbinden. Wenn man einen Zopf aufteilt, beispielsweise in zwei Stränge, muß man sehr sorgfältig arbeiten und dafür sorgen, daß jeder Strang gleich dick wird. Denn wenn man sie später wieder zusammennimmt, müssen sie gleich lang sein. Auch beim Zusammennehmen werden die einzelnen Stränge wieder mit einer Nadel oder anderswie befestigt. Sehr häufig erzielt man schöne Wirkungen, indem man verschiedene Farben verarbeitet. Man kann dann die Farben von der einen Seite des Zopfes zur anderen hin arbeiten. Das macht sich vor allem dann sehr hübsch, wenn man den Zopf entsprechend den Farben aufteilt.

Abb. 210 Dies sind zwei Viererzöpfe, die aus Victoriaknoten entstanden. Jeder Knoten hat nur zwei frei herausführende Parten. Darum wurden die fehlenden Parten hinzugefügt. Alle acht Parten wurden nach unten gebogen und als Achterzopf verarbeitet. Auf diese Weise bekamen die beiden Victoriaknoten eine feste Verbindung miteinander. Bei der Aufteilung des Achters in zwei Viererzöpfe ist deutlich zu sehen, wie die Parten durchstochen werden müssen. Von dort geht es weiter mit zwei Viererzöpfen, die am Ende ebenfalls noch einmal durchstochen sind.

Abb. 211 Hier sieht man einen Fünferzopf in verschiedenen Farben. Einen Fünfer kann man nicht aufteilen, deswegen ist er in mehreren Farben geflochten worden, um zu zeigen, wie die Schnüre sich durch den Zopf ziehen.

Am Schluß sind sie wieder durchstochen. Würde man diesen Zopf weiterflechten, müßte man die rechte, dunkle Part nehmen und sie über die weiße, aber unter der grauen durch führen.

Abb. 212 In diesem Zopf sind drei dunkle und drei weiße Schnüre verarbeitet. Alle sechs sind oben mit einer Hahnenpfote verknotet und dann mit einem Schildknoten, der noch einmal gedoppelt wurde. Die herausführenden freien Parten sind in zwei Farbgruppen aufgeteilt. Und mit jeder Farbgruppe aus drei Parten wurde ein Dreierzopf geflochten. Der linke Zopf ist jeweils drunter, der rechte immer drüber geflochten im Hinblick darauf, daß man ihn zu einem Sechser zusammennehmen wird. Die Zahl der Schläge bei beiden Zöpfen ist gleich, denn sonst würde das Zusammenflechten nicht so schön aussehen. Wo die Vereinigung zum Sechserzopf stattfindet, ist der Farbwechsel deutlich zu erkennen. Die dunkeleren Parten kommen nun auf die linke, die weißen auf die rechte Seite. Es geht weiter mit Dreierzöpfen. Unten sind alle Parten durchstochen und wieder zu einem Sechserzopf vereinigt, in dem der Farbenwechsel wieder deutlich zu erkennen ist. Die Abschlüsse der Parten sind wieder durchstochen. So wird verhindert, daß sie sich aus dem Geflecht lösen.

Anwendungen

All diese Zöpfe, ob in verschiedenen Farben gearbeitet oder nicht, machen sich sehr gut auf Kleidungsstücken, in Spannrahmen oder als Wandschmuck. Man kann Flechtarbeiten auch mit anderen Knüpf- oder Spanntechniken kombinieren. Wegen der Bogenstrukturen wird es auch häufig als Applikation verwendet. An Material hat man eine große Auswahl, so lange es nur in weichen Linien fällt und dem Charakter des einzelnen Werkstücks angepaßt ist.

210

211

212

Keltische Knoten

Diese keltischen Knoten rechnet man zur Flechtarbeit, weil der Dreierzopf hierbei eine große Rolle spielt. Doch werden sie anders als der normale Dreierzopf gemacht. Sie werden um eine bestimmte Grundform herumgelegt. Auf dieser Buchseite bilden Buchten diese Grundform. Die Buchten werden oben nebeneinander und unten durcheinander gelegt. Die keltischen Knoten sind eng verwandt mit den französischen und weitläufig auch mit bestimmten östlichen Knoten.

Abb. 213 So sieht die Ausgangsbasis aus für die Knoten, die auf dieser Seite gezeigt werden. Man beachte genau den Schnurverlauf!

Abb. 214 man legt in der Mitte eines Endes eine Bucht und kreuzt die beiden Parten, die linke über die rechte und nochmal die linke über die rechte (Siehe Abb. 213). Die Kreuzpunkte und die Buchten werden mit Stecknadeln auf weichem Untergrund angepickt. Nun wird die rechte Part in Buchten auf die rechte Seite der Ausgangsbasis gelegt, genau so, wie es die Abbildung zeigt. Dasselbe geschieht mit der linken Part. Vor allem die Kreuzpunkte und Bögen müssen wieder sorgfältig festgesteckt werden. Unten angekommen, geht man mit den Parten wieder nach oben, indem man jeweils einmal über, einmal unter den Buchten flicht, so daß man an den Seiten der Ausgangsbasis einen Dreierzopf erkennen kann. Danach kann der Knoten gedoppelt werden, indem eine Part der anderen folgt.

Abb. 215 Dieser Knoten wurde praktisch auf dieselbe Weise wie der von Abb. 214 gemacht. Doch statt die Parten einander in der Ausgangsbasis zweimal kreuzen, läßt man sie nun sich dreimal kreuzen. So entstehen in der Mitte dieses Knotens zwei Kreuzungen. Die freien Parten werden wieder auf dieselbe Weise in Bögen über die Seiten der Ausgangsbasis gelegt und

befestigt. Auch dieser Knoten ist einmal gedoppelt. Indem man an der Ausgangsbasis eine Extrakreuzung anfügt, kann dieser Knoten noch verlängert werden. Auf diese Weise kann man ganze Bänder herstellen, aus denen man Gürtel machen kann. An der letzten Bucht des Knotens lassen sich Quasten anbringen. Außerdem wurde und wird dieser Knoten häufig verwandt als Verzierung von Kleidern, auf Ärmeln und Miedern. Weil dieser Knoten zu den Flechtknoten gehört, kann man ihn leicht nach allen Seiten verbiegen, sowohl zu runden und sogar rechteckigen Formen. Man muß nur die Ecken wie schon die Ausgangsbasis entsprechend befestigen.

Abb. 216 Dies ist der keltische Fünfbogenknoten. In der Mitte eines Endes legt man eine Bucht und läßt die Parten kreuzweise übereinanderfallen. Die auf der rechten Seite herauskommende Part biegt man nach unten über die Anfangsbucht hinweg; drunter weg und nach oben läßt man die Part sich selbst kreuzen und unter der Bucht der anderen Part durchlaufen. Mit der anderen Part macht man haargenau dasselbe, nur jetzt auf der anderen Seite. Oben kommen beide Parten wieder aus dem Knoten heraus, und nun wird der Knoten zweimal gedoppelt, indem man die eine Part der anderen folgen läßt. Typisch für diesen Knoten sind die beiden Augen untereinander. Dieser Knoten hat heraldischen Ursprung und kommt deshalb häufig auf Fahnen und Ritterausrüstungen vor.

Anwendungen

Diese keltischen Knoten sind sehr dekorativ und werden häufig als Verzierung auf Kleidern, Fahnen und auf Gürteln benützt. Aus starkem Tauwerk gefertigt, lassen sie sich zu mattenartigen Formen verarbeiten, die man zu größeren Matten aneinander nähen kann, wobei man eine offene, lockere Struktur erreicht. Der Fünfbogenknoten eignet sich hierzu am besten.

214

213

215

216

Flechtknoten

(auch Zopfknoten genannt)
Flechtknoten entstehen aus einem
Ende, das kreisrund oder oval ausgebreitet wird und dessen eine Part in
Buchten über diese erste Ausgangsbasis hinweg gelegt wird. Nachdem man
eine Anzahl solcher Buchten gelegt hat,
wird diese freie Part geflochten: und
zwar in der nun umgekehrten Richtung.
Dies im Gegensatz etwa zum Türkischen Bund, der immer nur rundge-
flochten wird (Abb. 228). Vom Flechtknoten kann man sich zahllose Abarten
ausdenken.

Abb. 217 Dies ist das Schema des
halben Flechtknotens. Dazu nimmt
man ein Ende und legt es rund. Mit
einer der freien Parten geht man in
Buchten über die rundliegende Grundform hinweg. Alle Kreuzpunkte werden sorgfältig festgesteckt, damit der
Knoten seine Form nicht verlieren
kann. Die lose Part wird jedoch nicht
ganz ringsum über die Grundform hinweg gelegt, sondern man flicht sie zurück, wenn man eine bestimmte Zahl
von Buchten liegen hat.
Abb. 218 Dies ist dasselbe Schema
des halben Flechtknotens wie in Abb.
217, aber hier sieht man, wie die lose
Part zurückgeflochten wurde.
Abb. 219 So sieht der halbe Flechtknoten fertig aus. Der Knoten ist schon
gedoppelt, und die Reststücke der
Tampen sind auf der Rückseite verleimt und vernäht. An der Oberseite
hat der Knoten eine sehr große
Schlaufe. Würde man diese Schlaufe
noch größer machen und entsprechend
starkes Material nehmen, könnte man
diesen Knoten sehr gut als Applikation
auf einer Tragetasche verwenden: die
großen Schlaufen könnte man als
Träger benutzen.
Abb. 220 Dies ist derselbe Knoten
wie in Abb. 219. Diesmal jedoch wurde
der Knoten kreisrund gezogen, so daß
an der Oberseite nur eine kleine
Schlaufe frei bleibt. Man kann diese

Schlaufe eventuell so kurz halten, daß
die beiden Buchten – die ja beim
Zurückflechten mit der losen Part entstehen – einander fast berühren. Läßt
man ein Stückchen frei, wie in diesem
Fall zu sehen ist, kann man an diesem
Bogen neue Enden anbinden und den
Knoten als Abschlußornament bzw.
als Anfangsstück an einem Gürtel verwenden.
Abb. 221 Auch das ist ein Flechtknoten, doch er hat auch an der Oberseite Flechtwerk. Die Herstellung:
man legt wieder die Grundform, dar-
über in Buchten hinweg die lose Part,
flicht diese Part nach einer bestimmten
Anzahl von Buchten wieder zurück –
und legt an der Oberseite eine Anzahl
von Extraschlägen, sowohl links-
wie rechtsherum. Es ist eine etwas
knifflige Arbeit, aber wenn man sich
erst einmal daran gewagt hat und sich
etwas Müge gibt, merkt man schnell,
daß es schwieriger aussieht als es ist.
Man sollte nur seiner Fantasie freien
Lauf lassen und abwarten, was dabei
heraus kommt.

Anwendungen

Flecht- oder Zopfknoten sind sehr
dekorative Knoten, die wenig Zugkraft aushalten. Will man verhindern,
daß sie sich zusammenziehen, muß
man alle Kreuzpunkte auf der Rückseite vernähen. Man kann sie gut zum
Applizieren von Kleidungsstücken und
anderer Werkstücke verwenden. Als
Abschluß-, Tressen- oder Spangenornament sehen sie sehr gut aus auf
Gürteln, Kleidern und Taschen. man
kann verschiedene Materialien benutzen, je nach der Zweckbestimmung
des einzelnen Knotens. Der Knoten
von Abb. 221 läßt sich sehr gut aus
schwererem Material machen und
eignet sich als Tisch-Set oder als Matte.

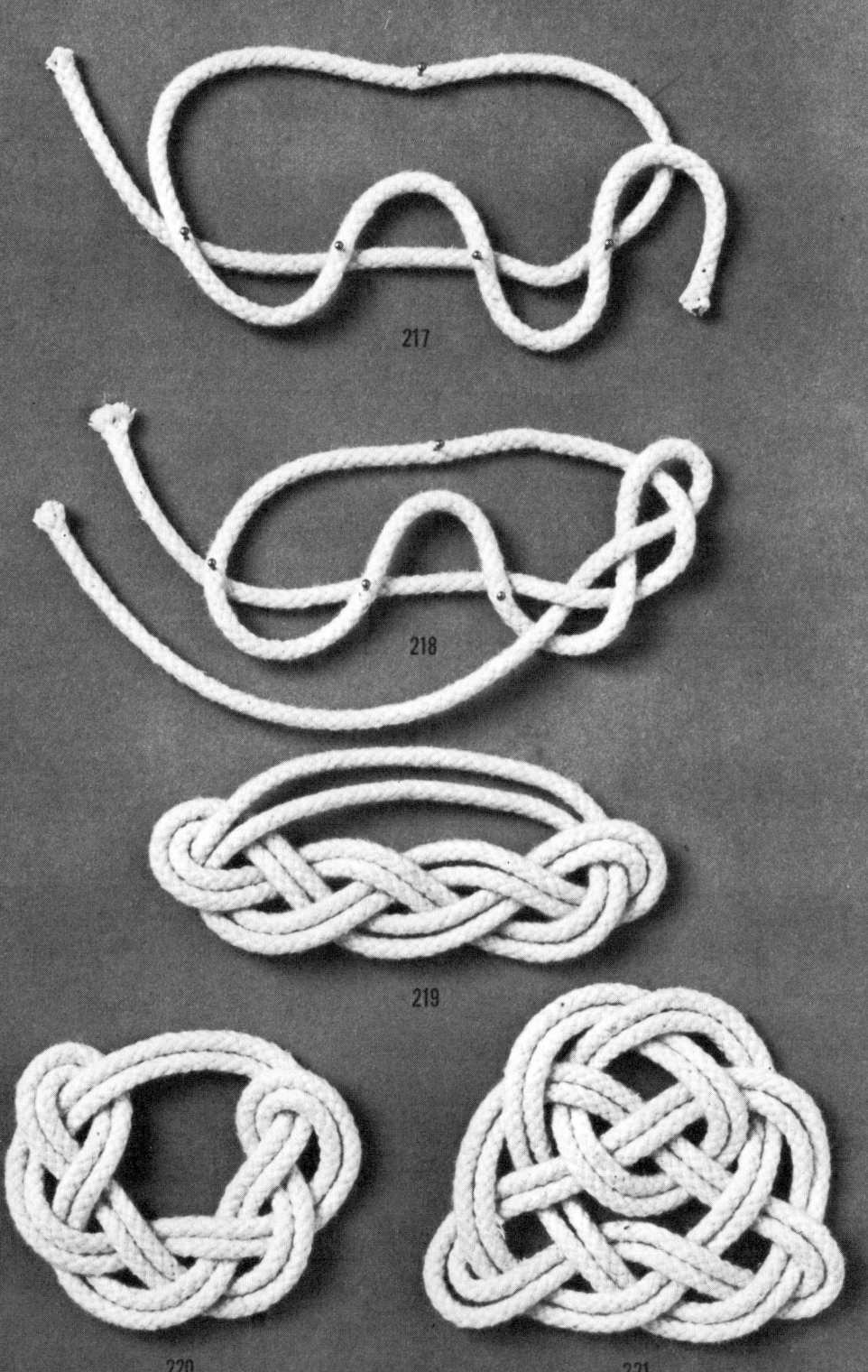

217

218

219

220   221

Flechtknoten mit schönen Namen

Die vielen Flechtknoten, die wir kennen, sind typisch für die Seefahrt. Besonders bei Flaute saßen die Matrosen auf den alten Segelschiffen und beschäftigten sich mit Leinen und Tauwerk.

Die hier abgebildeten Knoten werden eigentlich nur ihres ausgefallenen Namens wegen vorgestellt.

Abb. 222 Dies ist die Matrosenmatte, auch Ozeanmatte genannt. Im Englischen heißt sie die „true lovers mat". Die Ausgangsbasis dieses Knotens ist ziemlich kompliziert, aber mit ein wenig Knüpferfahrung kommt man schnell dahinter. Auf See wurde dieser Knoten auf einer Planke gemacht, in die man Nägel einschlug. Für den Bastler empfiehlt es sich, den Knoten auf einer weichen Unterlage zu machen, in die man Stecknadeln heftet, um die Grundlage des Knotens zu befestigen. Man muß nur der Grundlage des Knotens sorgfältig folgen, wie sie in der Abbildung angegeben ist.

Abb. 223 Hier sieht man, wie der Knoten mit einer der freien Parten weiter geflochten wird. Außerdem ist zu sehen, wie die Dopplung des Knotens beginnt, indem eine Part der anderen folgt. Man beachte den Schnurverlauf der Abbildung ganz genau und dopple den Knoten, wie es gezeigt ist! Diese Knoten wurden oft als kleine Matten gebraucht, oder man nähte sie zu größeren Matten zusammen, die sowohl an Land wie an Bord als Fußmatten und Teppiche verwendet wurden. Wie der Knoten zu seinem Namen kam, ist nicht bekannt.

Abb. 224 Die fertige Matrosenmatte. Macht man diesen Knoten aus ziemlich starkem Material, etwa aus Kabelschlag, dann kann er so groß werden, daß er eine gute Fußmatte an der Haustür abgibt. Die Tampen werden dann auf der Rückseite abgeschnitten, verleimt und vernäht. Das ist nötig, damit mitten in der Matte keine zu große,

störende Verdickung entsteht. Die Kreuzpunkte müssen nicht einmal durchgenäht werden, denn der Knoten hat ein ziemlich festes Geflecht und hält auch so ganz gut seine Form. Man kann den Knoten auch mehrere Male doppeln.

Abb. 225 Dies ist das Grundschema des Napoleonknotens. Wahrscheinlich heißt er so, weil er häufig als Tressenornament auf den Uniformen der Soldaten und Offiziere Napoleons zu sehen war. Doch genau weiß man es nicht. Auch dieser Knoten kann auf einem Nagelbrett oder mit Nadeln auf weicher Unterlage gemacht werden. Man beachte genau den Schnurverlauf.

Abb. 226 Dies ist das Grundschema aus Abb. 225, das mit einer der beiden Parten weiter geflochten wurde. Beide Parten kommen schließlich an der Unterseite des Knotens zum Vorschein. Der Knoten ist ziemlich locker geflochten und kann in diesem Stadium noch verbreitert werden, beispielsweise durch einen Josefinenknoten, der unten mit den beiden Parten gelegt wird. Denn der Josefinenknoten ist seiner Wesensart nach ebenfalls ein Flechtknoten. Ob nun verbreitert mit zusätzlichen Knoten oder Extraschlägen oder nicht – man kann den Knoten jetzt doppeln, indem eine Part der anderen folgt.

Abb. 227 Ein fertiger Napoleonknoten. Der Knoten ist in diesem Fall gedoppelt, die Tampen sind verleimt und auf der Rückseite unsichtbar eingenäht worden. Das Ergebnis ist eine Art Matte, die zu mancherlei Zwecken benützt werden kann. Im Gegensatz zur Matrosenmatte, die an der Unterseite vier Buchten hat, besitzt diese Matte nur drei.

Anwendungen

Sowohl Matrosenmatte wie Napoleonknoten bilden eine Art geflochtener Matte, die sehr hübsch aussieht und auch aus schwererem Material geknüpft werden kann.

Der Türkische Bund

Der Türkische Bund (oder Türkische Knoten) ist einer der interessantesten Knoten, die wir kennen. Man kann ihn auf die verschiedenste Weise machen, und er ist vielen anderen Knoten, etwa dem Josefinenknoten, verwandt. Dazu ist er überaus dekorativ und zu allerlei Zwecken zu verwenden, besonders auch durch den Umfang, den man ihm geben kann. Bei vielen Völkern, die die Knüpfkunst beherrschten und auch heute noch üben, findet man diesen Knoten denn auch häufig und in vielerlei Varianten vor. Schon Leonardo da Vinci hat in seinen Schriften eine Menge Schemata angegeben, nach denen Variationen des Türkischen Bundes zu knüpfen sind.

Abb. 228 Hier sieht man, wie man einen Türkischen Bund um einen Griff oder ein Stück Holz herum machen kann. Man nimmt ein Ende, läßt aber die freie Part nicht zu kurz am Anfang des Griffs herabhängen. Links in der Abbildung sieht man, daß die andere Part mit zwei Rundtörns um den Griff herumgeschlagen ist. In der Mitte des Griffs kann man sehen, wie die loshängende Part in einer Bucht über den ersten Rundtörn der anderen Part gelegt wird.

Rechts auf dem Holz ist zu sehen, wie die andere Part durchgeflochten ist. Sie geht über die Rundtörns und unter sie hindurch: dadurch bekommt der Knoten seine Festigkeit. Man kann den Knoten jetzt von dem Holz abstreifen, flach legen und doppeln (eine Part der anderen folgen lassen). Man kann ihn aber auch auf dem Holz doppeln. Wenn man ihn flach legen will, kann man später die Buchten etwas zurecht rücken, damit der Knoten auch gut aussieht. Will man den Knoten zu einer Kugel zusammenziehen, muß das sehr sorgfältig geschehen. Es ist erst möglich, wenn der Knoten schon gedoppelt ist. Man zieht ihn dann sehr vorsichtig Stück für Stück an, bis er seine Ballform angenommen hat. Eventuell kann man den Knoten auch durch eine kleine Korkkugel ausfüllen, so daß er seine feste, gleichmäßige runde Form behält. Die Anzahl Schläge, die der Knoten erhält, hängt ganz davon ab, wie oft man die eine Part über und unter den Rundtörns hinweg- und hindurchflicht. Auf diese Weise erhält man Türkische Bunde mit vier, fünf, acht oder zehn Schlägen.

Abb. 229 Die Ausgangsbasis des Türkischen Bundes. Basis und Kreuzpunkt sind an verschiedenen Stellen durchstochen, damit die Schnüre nicht verrutschen können.

Abb. 230 Ein flach liegender Türkischer Knoten wird gedoppelt. Man kann viele Male doppeln. Das hängt davon ab, wie der Knoten in seiner endgültigen Form aussehen soll. Die Tampen werden auf der Rückseite des Knotens verleimt und unsichtbar vernäht.

Anwendungen

Für den Türkischen Bund gibt es viele Verwendungen. Man kann ihn sowohl räumlich wie flach benutzen. Flach gearbeitet, kann man ihn als Untersetzer oder dergleichen benutzen, er darf nur nicht aus zu weichem Material gearbeitet sein. Peddigrohr oder steife Schnur haben sich hier gut bewährt. Will man den Bund zu einer Kugel rundziehen, empfiehlt es sich, ein sehr geschmeidiges Material zu nehmen, weil der Knoten Stückchen für Stückchen festgezogen werden muß. Zum Auffüllen nimmt man Korkbällchen, die dem Türkischen Bund eine schöne Form und Festigkeit geben. In einem Webstück, als Applikation, als Verzierung oder als Griff macht sich der Türkische Bund immer gut. Besonders durch sein Volumen gibt er einem Werkstück eine gewisse räumliche Form, was in jedem Fall lebendig wirkt.

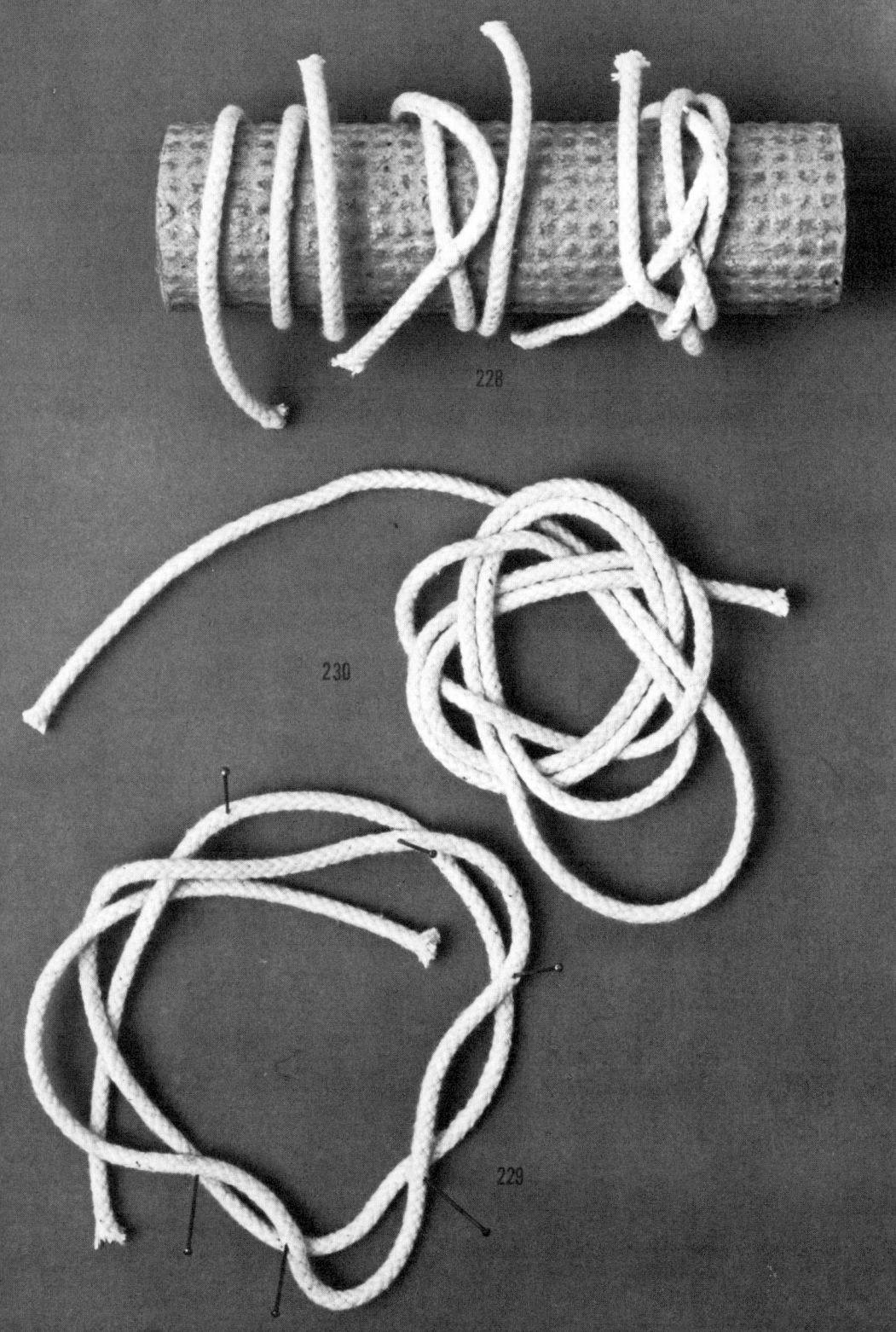

Verschiedene Formen des Türkischen Bundes

Nachdem zuerst gezeigt worden ist, wie man den Türkischen Bund anfertigt, sollen hier verschiedene Formen dieses Knotens erläutert werden. Erst dann soll der doppelte Türkische Bund behandelt werden.

Abb. 231 Hier sieht man einen Türkischen Bund mit acht Schlägen, der einmal gedoppelt ist. Er wurde um ein Rundholz herum gelegt, so daß man ihn als Serviettenring oder als Armband benutzen kann. Es ist ein besonders dekorativer Knoten, den man aus verschiedenen Materialien machen kann, sowohl aus geschmeidigen als auch aus festeren.

Abb. 232 Derselbe achtschlägige Türkische Bund wie in Abb. 231, aber diesmal wurde der Knoten flach gearbeitet und einmal gedoppelt. Er bildet nun eine achtblättrige Rosette. Aus gröberem Material, etwa Tauwerk oder dünnem Peddigrohr, könnte man ihn als Untersetzer verwenden.

Abb. 233 Türkischer Knoten mit drei Schlägen, der zu einer Kugel rundgezogen wurde. Er ist zweimal gedoppelt. Unten erkennt man eine Schlaufe, die mit einer der beiden Parten gebildet wurde. Man könnte diese Form ganz gut als Knopf gebrauchen.

Abb. 234 Türkischer Knoten aus zehn Schlägen, einmal gedoppelt und in eine leicht dreieckige Form flächenmäßig gearbeitet. Sehr gut als Applikation oder als Untersetzer zu gebrauchen.

Abb. 235 Türkischer Bund mit fünf Schlägen, zu einer Kugel angezogen. Um dem Knoten mehr Festigkeit zu geben, kann man ein kleines Korkbällchen nehmen. Der Knoten wurde einmal gedoppelt. Will man einen Türkischen Bund rundziehen, muß man die beiden Tampen der Parten so wegstecken, daß sie zuletzt an einer Seite des Knotens wieder zum Vorschein kommen. Die Parten können dann zu einer Schlaufe verarbeitet werden, oder man kann den Knoten damit irgendwo befestigen.

Abb. 236 Dies ist ein Türkischer Bund mit fünf Schlägen, flach gearbeitet. Hier ist gut zu erkennen wie der Knoten gedoppelt werden muß, indem die eine Part der anderen folgt.

Abb. 237 Türkischer Knoten mit fünf Schlägen, zweimal gedoppelt und sehr locker und flach gearbeitet. Gut zu verwenden als Untersetzer oder als Applikation. Kann aus verschiedenen, sowohl steiferen wie weicheren Materialien gearbeitet werden.

Anwendungen

Wie die Beispiele auf dieser Seite deutlich zeigen, ist der Türkische Bund vielseitig verwendbar. Wie man ihn auch verwendet, ob funktionell oder rein dekorativ, er sieht in jedem Fall sehr hübsch aus. Man kann ihn als Untersetzer, Applikationen, Knopflochknoten, an Vorhängen als Abschlußstück und zu vielen anderen Zwecken verwenden. Es bleibt der eigenen Fantasie überlassen, weitere Möglichkeiten zu erfinden.

231

232

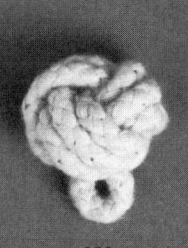

233

234

235

236

237

Türkischer Bund, der auf der vierblättrigen Rosette aufbaut

Auf dieser Seite soll gezeigt werden, daß der Türkische Bund auch in der Mitte eines Endes gelegt werden kann. Er baut sich dann aus der vierblättrigen Rosette auf, die ihrerseits wieder aus dem Victoriaknoten entsteht.

Abb. 238   Oben ist das Schema zu sehen, nach dem der Türkische Bund begonnen werden muß, soll er in der Mitte eines Endes gelegt werden. Die gestrichelte Linie zeigt, wie die erste Bucht gelegt werden muß. Alles andere geht aus dem Verlauf der Schnur hervor. Zur Verdeutlichung nur dies: die zweite Bucht liegt immer auf der ersten, und erst dann, wenn man die dritte Bucht legt, verflicht man die beiden aufeinander liegenden Buchten miteinander. Man kann diesen Knoten auch doppeln. Man fängt dann mit dem Doppeln der ersten Bucht an und geht von da aus weiter. In der herabhängenden rechten Part sieht man zuerst den gedoppelten Türkischen Bund hängen, gemacht nach dem obenliegenden Schema, und darunter einen einzelnen Türkischen Bund, der fest angezogen ist.

Abb. 239   Dies ist der gedoppelte Türkische Bund, gemacht nach Schema der Abb. 238. Auch hier wieder ist der Knoten in der Mitte eines Endes gelegt worden. Die kurze Part wurde in den Knoten hineingesteckt und abgeschnitten.

Abb. 240   Ein Türkischer Bund, gemacht nach dem Schema von Abb. 238. In der Mitte eines Endes ist eine Bucht gelegt, der Knoten wurde mit zwei Parten gelegt, die man doppelt nimmt. Der Knoten ist also nicht gedoppelt, obwohl zwei Parten parallel laufen. Oben kommt die Bucht als Schlaufe aus dem Knoten heraus, und unten hängen die beiden Parten frei herab.

Abb. 241   Genau derselbe Knoten wie in Abb. 240, jedoch nun rund-

herum fest angezogen. Oben wieder die Schlaufe und unten die frei hängenden Parten.

Abb. 242   Oben an diesem Ornament sieht man einen Türkischen Bund, der nach Schema Abb. 238 in der Mitte eines Endes gelegt und zweimal gedoppelt wurde. Unter diesem zu einer Kugel festgezogenem Knoten sind beide Parten zu einem Josefinenknoten verarbeitet mit zwei darunter senkrecht gefertigten Victoriaknoten. Auf diese Weise entstand ein besonders attraktives Ornament.

Anwendungen

Genau wie die schon vorher besprochenen Türkischen Bunde können auch diese, aus der vierblättrigen Rosette entstandenen Knoten in vielen Werkstücken verwendet werden. Als Abschlußornament an Zugschnüren, Vorhangschnüren, an chinesischen Lampenschirmen oder in anderen dekorativen Formen machen sie sich vorzüglich. Mann kann sie aus relativ schwerem Material anfertigen, es muß nur ziemlich geschmeidig sein. Eine Reihe dieser Bunde untereinander gemacht, kann einen schön aussehenden Fliegenvorhang oder einen hübschen Raumteiler abgeben. Auch als dekoratives Element in einem Wandbehang oder in einer räumlichen Knüpferei kann man sich diesen Knoten ganz gut vorstellen. Ebenso als Anhängsel an einem Reißverschluß oder einem Schlüsselbund sind sie hübsch und zweckmäßig obendrein.

239   238   241

242   240

Der zweifache Türkische Bund

Der zweifache Türkische Bund übt möglicherweise noch mehr Faszination aus als der einfach gemachte. Er ist zwar nicht ganz so simpel herzustellen, aber wenn man den Schnurverlauf der Abbildungen sorgfältig beachtet, hat man den Kniff bald heraus.

Abb. 243   Man nimmt ein Ende und legt es so hin, wie die Abbildung zeigt. Die freie Part, die unten mit einem Strich markiert ist, stellt die lange Part dar, mit der der Knoten weiter geknüpft werden soll.

Abb. 244   Ist erst einmal die Anfangsform gelegt wie in Abb. 243 gezeigt wird, wird der Knoten weiter geknüpft mit der langen Part (siehe Strichmarkierung). Man muß genau den Verlauf der Schnur beachten. Hat man das getan, wirft man noch einen Blick auf die Zeichnung und bemerkt einen kleinen Kringel in den Buchten unten und oben. In die obere Bucht steckt man nun den Zeigefinger, in die untere Bucht den Daumen, nimmt den Knoten nun vorsichtig doppelt zwischen die Finger und schiebt ihn dann über ein Stück Rundholz oder einen Holzgriff.

Abb. 245   Hier sieht man, wie der Knoten über ein Rundholz geschoben worden ist, nachdem man ihn zwischen den Fingern doppelt genommen hat. Außerdem ist der Beginn des Doppelns zu erkennen. Die eine Part folgt dazu der anderen.

Abb. 246   Dies ist der zweifache Türkische Bund, zweimal gedoppelt. Man sieht noch, wo die Tampen aus dem Knoten heraus kommen. Wenn man den Knoten wieder vom Rundholz abgestreift hat, kann man die Tampen verleimen.

Abb. 247   Der zweifache Türkische Bund im Endzustand. Hier ist er dreimal gedoppelt und fest angezogen zu einer Kugelform. Die herausstehenden Parten sind nach unten weiterverarbeitet in Türkischen Bunden mit drei Schlägen, die einmal gedoppelt wurden. Die Tampen sind in die Knoten hineingesteckt worden. Das Ganze bildet ein besonders dekoratives Ornament.

Anwendungen

Der zweifache Türkische Bund ist möglicherweise noch dekorativer als der einfache. Man wendet ihn oft an, um Trommelstöcke, Ferngläser oder Flöten und Pfeifen zu umwickeln. Denn er ist sehr rutschfest und verleiht den damit besetzten Gegenständen eine griffige Oberfläche. Der Knoten macht sich auch ganz gut als Knopflochverzierung auf Jacken mit Holzknöpfen, weil er ein ziemliches Volumen hat und fest zu einem Knebel angezogen werden kann. Man muß ihn nur aus einem relativ elastischen Material herstellen, weil er sich sonst nur schwer doppeln läßt.

243

244

245

246

247

Zweifarbig arbeiten

Wenn man mit zwei Farben knüpfen will, muß man stets mit verschieden-farbenen Schnüren gleichzeitig arbeiten. Das ist nämlich immer noch die einfachste Art. Man muß die Knoten jedoch ziemlich locker lassen, weil man sie sonst nicht mehr doppeln kann. Allerdings bringt die Arbeit mit zwei oder noch mehr Schnüren gleichzeitig einige Schwierigkeiten mit sich. Die Knoten fallen dann besonders in den Buchten etwas weniger gleichmäßig aus, weil man ja beim Knüpfen ständig mit einer Außen- und einer Innenbucht zu tun hat. Will man also gleichmäßig aussehende Buchten erzielen, muß man sie mit Nadeln durchstechen. Vor allem beim Doppeln ist dies von großer Bedeutung, weil sich der Knoten sonst zu sehr verzieht.

Abb. 248 Dies ist der Flachknoten, der mit drei Schnüren zugleich gemacht ist. Die Schlaufe oben sehr groß gelegt und entsteht, indem man die drei Schnüre eine um die andere herum biegt. Die Tampen sind auf der Rückseite des Knotens verleimt und unsichtbar vernäht.

Abb. 249 Dies ist der Flachknoten mit einem Extraschlag, wodurch ein fünfstrahliger Stern entsteht. Auch in diesem Fall ist der Knoten wieder mit drei Schnüren gleichzeitig gelegt worden. Die Tampen sind an der Rückseite verarbeitet.

Abb. 250 Dieser Knoten wird oben begonnen als ein Türkischer Bund mit vier Schlägen (Siehe Abb. 238), und zwar mit einer dunklen und zwei hellen Schnüren. Dann wurde der Knoten rundum angezogen zu einer Kugel. Mit den sechs herausführenden Parten wurde nach unten weiter gearbeitet in einem Dreierzopf (Siehe Abb. 199). Unten sind die Schnüre in Buchten gelegt und auf der Rückseite des Zopfes unsichtbar verarbeitet.

Abb. 251 Dies ist ein Achterknoten (Siehe Abb. 140), mit einer hellen und einer dunklen Schnur gleichzeitig gelegt. Der Knoten ist einmal gedoppelt (Siehe Abb. 77, das Doppeln eines Achterknotens!). An der Rückseite des Knotens sind die Tampen so verarbeitet, daß ein offenes Auge entsteht. Der ganze Knoten ist unsichtbar vernäht, weil er sonst ebenso wenig seine Form behalten würde wie oben die Schlaufe.

Abb. 252 Flachknoten, mit zwei Schnüren zugleich gearbeitet. Der eine Teil der freien Parten ist so verarbeitet, daß oben eine große Schlaufe (zum Knopf schließen) entsteht. Die Tampen sind wiederum unsichtbar vernäht. Auch die Schlaufe ist durchnäht, damit sie ihre Form behält.

Abb. 253 Eine vierblättrige Rosette, die aus einem Victoriaknoten entstand. Der Knoten wurde mit gleichzeitig drei Schnüren gemacht. Hier ist es besonders wichtig, die Buchten während des Knüpfens mit Nadeln zu durchstechen.

Anwendungen

Das Arbeiten mit verchiedenen Farben ist besonders dann hübsch, wenn man dekorative Knoten machen will. Denn Farbe verleiht dem Knoten einen zusätzlichen Reiz. Man muß jedoch sehr sorgfältig arbeiten und besonders die Buchten gut mit Nadeln befestigen. Die Ornamente auf dieser Seite sind als Tressen-, Knopfloch- oder Spangenverzierung zu verwenden. Ebenso als Applikationen auf Kleidern, wobei die Farbe der Knoten natürlich mit dem Kleiderstoff abgestimmt sein muß. Besonders mit Smyrnawolle läßt sich vorzüglich farbig knüpfen.

248

249

250

251

252

253

Varianten des Josefinenknotens

Die Ozeanmatte

Eine der auffälligsten Knoten in der Seefahrt ist die Ozeanmatte. Sie sieht sehr kompliziert aus, aber beim Knüpfen merkt man, daß es halb so wild ist. Früher wurde dieser Knoten oft geknüpft auf einer Planke, in die man Nägel geschlagen hatte. Wenn man jedoch den Zeichnungen genau folgt, wird man merken, daß es gar nicht so schwierig ist, und daß man selbst sehr schöne Ergebnisse erzielen kann. Der Grundknoten für diese Matte ist der Victoriaknoten, oft auch ein Josefinenknoten in der Mitte eines Endes. Man benötigt allerdings ein sehr langes Ende, besonders dann, wenn man den Knoten noch doppeln will.

Abb. 254 Der Victoriaknoten, der die Grundform für die Ozeanmatte bildet. Man legt in der Mitte eines Endes eine Bucht und legt mit den freien Parten einen Victoriaknoten.

Abb. 255 Man zieht die beiden Seitenbuchten des Victoriaknotens soweit auseinander, bis der Knoten lang und schmal gestreckt ist, dann biegt man die Buchten nach unten.

Abb. 256 Man legt in die beiden auseinandergezogenen Buchten einen Schlag, wie es die Zeichnung zeigt.

Abb. 257 Man legt beide auseinander gezogenen Buchten, in die man einen Extraschlag gemacht hat, kreuzweise übereinander, wie auf der Zeichnung zu sehen ist. An den Schnittpunkten werden die Schnüre mit Stecknadeln sorgfältig durchstochen, so daß die Grundform nicht mehr verrutschen kann.

Abb. 258 Nun wird die linke Part einmal über die Grundform hinweg und einmal darunter durch geflochten. Die Pfeile geben den Schnurverlauf an.

Abb. 259 Nun wird auch die rechte Part durch die Grundform geflochten.

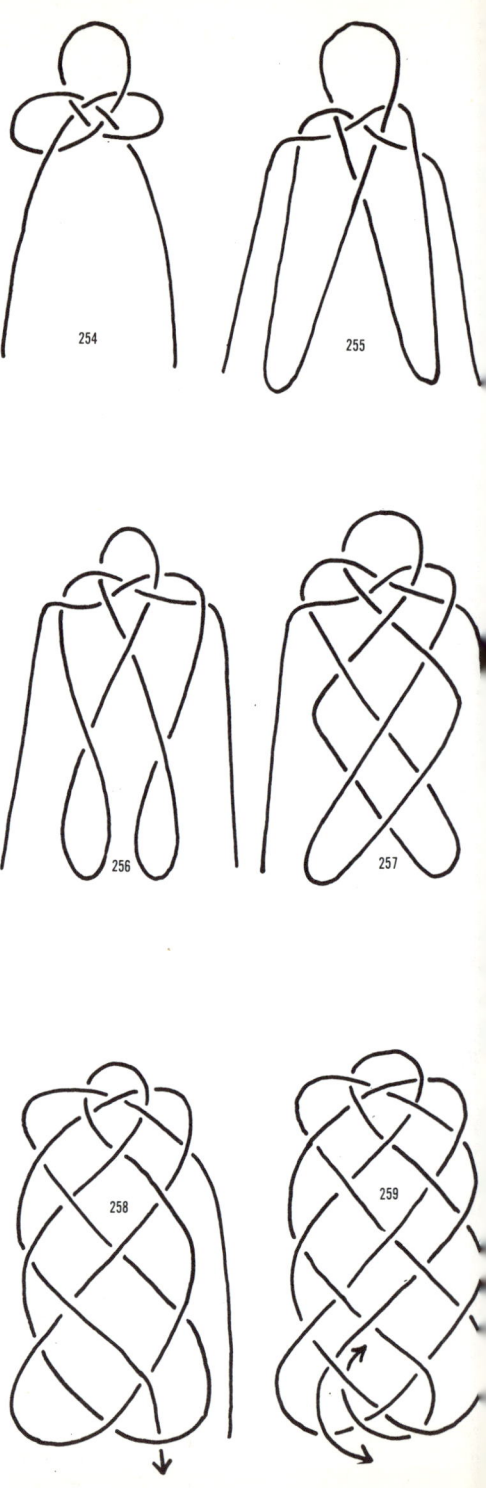

260

261

262

Ist diese Part dann unten bei der ersten wieder angekommen, läßt man die zweite Part der ersten folgen – und der Knoten wird gedoppelt.

Abb. 260   Die Ozeanmatte ist fertig. Die Matte ist dreimal gedoppelt und als Verzierung sind oben und unten Türkische Bunde angebracht. Der Knoten braucht nicht vernäht zu werden, denn er wurde genau so lange gedoppelt, bis zwischen den einzelnen Schnüren kein Freiraum mehr war. Die Matte bekommt ihre Festigkeit also durch das Doppeln. Macht man diesen Knoten aus einem sehr schweren Material, kann man ganze Türvorhänge daraus machen.

Abb. 261   Dies ist eine hübsche Form der Ozeanmatte, die in diesem Fall zu einer Art Band verarbeitet ist. Dieses Band kann natürlich noch weiter verlängert werden, und man hat dann einen Gürtel oder etwas ähnliches. Man beginnt den Knoten, indem man in der Mitte eines Endes einen Victoriaknoten macht und knüpft dann weiter die Ozeanmatte wie es in Abb. 254 bis 259 gezeigt wird. Man doppelt diesen Knoten nicht, legt aber unter die Matte noch einen Josefinenknoten mit den beiden aus der Matte herauskommenden Parten. Darunter legt man dann noch einen zweiten Josefinenknoten (auch wieder mit den beiden Parten), an den man dann aufs Neue eine Ozeanmatte knüpft.

Abb. 262   Hier sieht man eine Ozeanmatte, die zu einer Haarspange verarbeitet wurde. Die Perlen wurden nachträglich aufgenäht, und die Haarnadel wurde einfach durchgesteckt.

Anwendungen

Die Ozeanmatte bietet viele Verwendungsmöglichkeiten. Da ist zuerst die Funktion, die sie seit alters her hatte: als Fußmatte. Außerdem kann man sie zu einer Art Band verlängern, indem man das Motiv regelmäßig wiederholt, entweder mit oder ohne andere Knoten als Zwischenstück. Der Knoten macht sich auch gut als Haarspange, außerdem erhält er dadurch wieder ein ganz anderes Aussehen. Das Material dazu muß sehr geschmeidig sein, besonders dann, wenn man dickere Schnüre oder Tauwerk nimmt.

OZEANMATTE

Eine Ozeanmatte, in deren Mitte ein Türkischer Bund sitzt. Der wiederum ist entstanden aus einer vierblättrigen Rosette. Alle Tampen sind auf der Rückseite der Matte ausgedünnt und verleimt.

Victoriaknoten mit Varianten

Ausgehend vom Victoriaknoten als Ausgangsbasis gibt es zahllose Variationsmöglichkeiten. Sie sehen besonders schön aus und gehören in die Gruppe der Zöpfe. Indem man bestimmte Verformungen und Schlaufen anbringt, kann man sogar Bogen und Buchten in Zopfform machen. Einige dieser Knoten sollen hier behandelt werden.

Abb. 263   In der Mitte eines ziemlich langen Endes wird ein Victoriaknoten gelegt. Man achte darauf, daß die oberste Bucht ziemlich lang ausfällt und legt dann drei Schläge, wie es die Abbildung zeigt, wodurch in der Bucht drei Augen entstehen.

Abb. 264   Man biegt die beiden herausführenden Parten nach oben und flicht sie einmal über die Augen hinweg, einmal durch die Augen hindurch, wie es die Abbildung zeigt. Oben, im obersten Auge, läßt man sie einander kreuzen.

Abb. 265   Indem eine der Parten der anderen folgt geht man nun daran, den Knoten von Abb. 264 zu doppeln. Dadurch entsteht oberhalb des obersten Auges eine Extraschlaufe. In diesem Fall sieht man den Knoten zweimal gedoppelt. Die Tampen sind wieder unsichtbar auf der Knotenrückseite vernäht worden.

Abb. 266   Dieser Knoten ist der Knoten von Abb. 265 leicht abgeändert. Man beginnt wieder, indem man in der Mitte eines Endes einen Victoriaknoten legt. Die oberste Bucht wird lang ausgezogen, und es werden darin wieder drei Augen gelegt. Aber anstatt nun die beiden Augen an den Seiten nach außen zu drehen, dreht man sie nach innen, wodurch der Knoten nun ein kompakteres Aussehen bekommt. Mit den losen Parten wird auch dieser Knoten genau so durchflochten und dann noch einmal gedoppelt.

Anwendungen

Man sieht, wie leicht es ist, das Grundschema eines Knotens abzuändern. Das gilt nicht nur für den Victoria- oder den Josefinenknoten, sondern für alle Knoten. Die Abbildungen auf dieser Seite können als Knopflochverzierung oder Tressenornament verwendet werden oder auch als Dekoration auf irgendwelchen Werkstükken. Soll ein Knoten gut seine Form halten, näht man ihn auf der Rückseite am besten durch, es sei denn, er wird so oft gedoppelt, bis die Schnüre oder Taue so eng beieinander liegen, daß ein Verrutschen nicht mehr möglich ist.

263   264

265   266

Der „sailor's breastplate knot"

Leider gibt es im Deutschen keine Bezeichnung für diesen besonders schönen Knoten. Trotzdem soll er hier vorgestellt werden. Die Basis ist wieder der Victoriaknoten.

Abb. 267 In der Mitte eines langen Endes legt man einen Victoriaknoten. Wenn dieser Knoten fertig ist, holt man beide freie Parten aus den letzten Buchten heraus, so daß die linke Part unter zwei Buchten durchläuft, und die rechte Part über zwei Buchten hinweg liegt. Es empfiehlt sich, die beiden letzten Kreuzpunkte mit Nadeln zu durchstechen, damit sich die Schnüre nicht verschieben.

Abb. 268 Nun wird mit den freien Parten an beiden Seiten ein Flachknoten gelegt, so daß die Parten die Buchten wieder verflechten. Sobald die Knoten fertig sind (sie werden senkrecht gearbeitet), werden die Parten aus der letzten Bucht gezogen, so daß sie wieder unter zwei Buchten durch und an der anderen Seite über zwei Buchten hinweg liegen. Die Schnittpunkte werden durchstochen.

Abb. 269 Mit beiden freien Parten werden nun die Flachknoten an den gegenüberliegenden Seiten des Victoriaknotens verbunden mit einem Josefinenknoten. Hierdurch werden die Buchten der Flachknoten wieder verflochten. Beide Parten kommen unten am Knoten wieder zum Vorschein. Man kann den Knoten jetzt doppeln, indem man die eine Part der anderen folgen läßt. Hierdurch entsteht die Bucht unten am Knoten.

Abb. 270 Hier ist nun der ganze Knoten im Endzustand zu sehen. Er ist einmal gedoppelt, und die Tampen sind auf der Rückseite unsichtbar vernäht worden. Ein besonders attraktiver Flechtknoten, der zwar kompliziert aussieht, aber bei weitem nicht so schwierig zu knüpfen ist.

Anwendungen

Außer diesem äußerst dekorativen Knoten gibt es noch viele andere Möglichkeiten, den Victoriaknoten abzuwandeln: etwa, indem man links und rechts Extraschläge legt, oder indem man noch einen anderen Knoten unten anhängt, oder indem man den Knoten ein oder mehrere Male doppelt. Diesen Knoten benutzt man vor allem als Tressen- oder Verschlußornament auf Taschen und Kleidern, man kann ihn aber auch sehr gut als Halsschmuck verwenden. Nimmt man ihn als Matte oder Untersetzer, kann man auch schwereres Material dazu nehmen. Es muß nur entsprechend elastisch sein, weil sich die losen Parten sonst sehr schlecht durchflechten lassen.

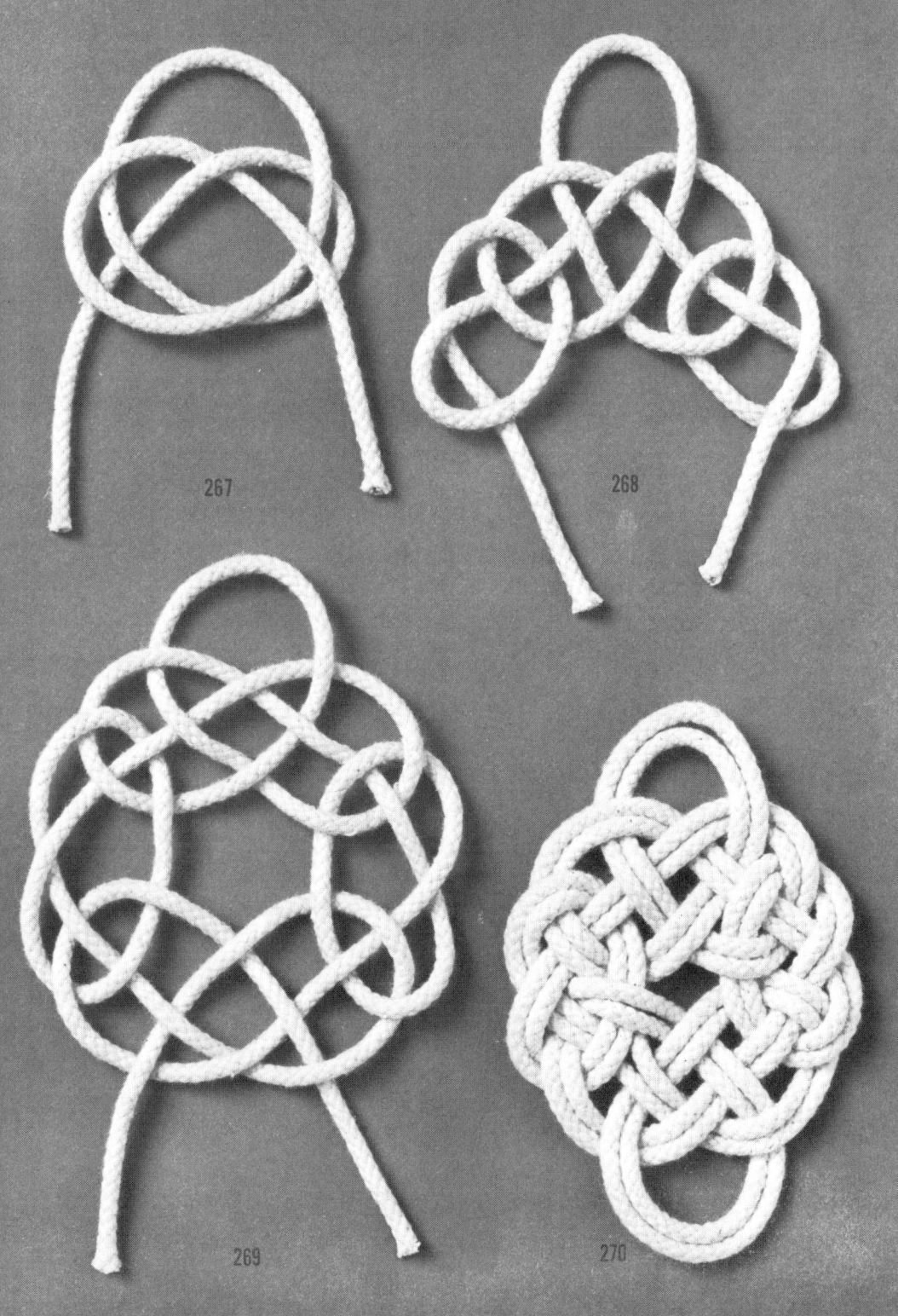

267

268

269

270

Spezialknoten

Der „Hennepin"

Dieser Knoten ist nur unter dem englischen Namen „hennepin knot" bekannt. Es ist ein Knoten heraldischen Ursprungs, der sowohl ziemlich locker wie auch geschlossen gearbeitet werden kann. An sich ein sehr lockerer und offener Knoten, erhält er seine Festigkeit, wenn er durchflochten und gedoppelt wird. Je fester das Material, desto offener kann man den Knoten legen. In jedem Fall empfiehlt es sich, den fertigen Knoten immer zu vernähen, damit er seine Form hält.

Abb. 271 Dies ist das Grundschema des „Hennepin". Wie die Abbildung zeigt, ist es sehr einfach zu legen. Man legt in der Mitte eines Endes eine Bucht, die nach unten zeigt. Die freien Parten überschneiden sich oberhalb der Bucht, in jeder Part legt man wiederum eine Bucht mit einem halben Schlag. Über dem unteren Kreuzauge liegen also nun zwei weitere Kreuzaugen. Die beiden Parten müssen mit einem Schlag umeinander geschlungen sein, damit die beiden oberen Kreuzaugen miteinander verbunden sind.

Abb. 272 „Hennepin" nach Grundschema Abb. 271 gemacht. Der Knoten ist zweimal gedoppelt, die Tampen sind an der Rückseite unsichtbar vernäht. Bei diesem Knoten ließ man die beiden Buchten nach unten liegen, so daß hier der Schwerpunkt des Knotens entstand. Will man ihn nachmachen, braucht man das Buch nur verkehrt herum zu halten – und der Schnurverlauf ist derselbe wie eben und leicht zu verfolgen.

Abb. 273 Dies ist genau derselbe Knoten wie in Abb. 272, jedoch nun verbreitert durch Extraschläge auf den Seitenbuchten. Man läßt die beiden Buchten wieder an der Kopfseite des Knotens liegen und flicht hindurch, wie man es vorhin schon getan hat. Mit den Parten macht man dann Extraschläge

auf den Seitenbuchten. Wenn man den Schnurverlauf der Abbildung genau befolgt, ist die Arbeit gar nicht so schwierig. Weil der Knoten laut Grundschema ziemlich lose liegt, muß er mit Nadeln gut festgesteckt werden. Schließlich kommen beide Parten unten am Knoten wieder zum Vorschein. Man läßt die eine Part der anderen folgen, um den Knoten zu doppeln, und achtet darauf, daß unten am Knoten eine lange Bucht entsteht. Man doppelt den Knoten zweimal und besetzt dann die unterste Bucht mit einer der beiden Parten. Auf diese Weise erhält man eine sehr schöne Quaste. Das Doppeln verleiht dem Knoten die nötige Festigkeit, aber zur Sicherheit empfiehlt es sich doch, ihn noch zu vernähen.

Anwendungen

Der „Hennepin" ist ein besonders schöner Knoten, der weiter ausgebaut werden kann, indem man auf den Seitenbuchten Extraschläge legt. Unten am Knoten kann an Stelle einer langen Bucht, die man zu einer Art Griff oder Quaste besetzt („betakelt", d. h. mit einem Takling besetzt), mit beiden Parten ein Josefinenknoten gemacht werden, wodurch der Knoten wieder ein ganz anderes Aussehen erhält. Mit dem „Hennepin"-Knoten kann man auch eine Anzahl von Einzel-Ornamenten legen, die man dann zu einer Matte zusammennäht. In deren Mitte dann könnte man einen anderen Flechtknoten verarbeien. Als Tressen- oder Verschluß-Ornament läßt sich dieser Knoten auch hübsch auf Kleidern verarbeiten.

271

272 273

Zierschleifenknoten oder Zierschlingenknoten

So unwahrscheinlich es auch klingen mag: aber diese Knoten sind sämtlich von der Hahnenpfote abgeleitet (Siehe Abb. 149). Sie sehen womöglich etwas kompliziert aus, sind aber relativ leicht herzustellen. Allerdings erfordern sie reichlich Schnurlänge. Das Prinzip dieser Knoten beruht darauf, daß man eine Anzahl sehr großer Schleifen legt und diese mit einem Hahnenfuß besetzt. Das Ergebnis ist dann eine Art großer Maßliebchenblüte.

Abb. 274 Hier ist die Machart des Zierschleifenknotens aufgezeichnet. In einem Ende werden ein paar sehr lange Buchten gelegt und festgepickt. Diese Buchten verknüpft man mit einer Hahnenpfote. Die freien Parten werden dabei zusammengezogen.

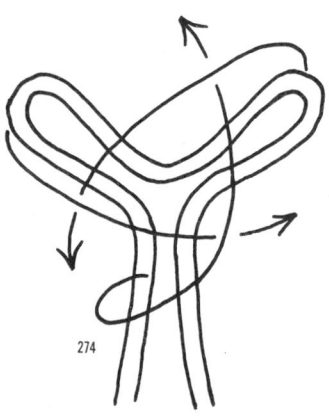

274

Abb. 275 Dieser Knoten wurde gelegt aus zwei langen Schlaufen oder Schleifen die mit den Parten zu einer Hahnenpfote zusammengelegt worden sind. Wenn die dreiteilige Hahnenpfote fertig ist, dreht man den Knoten um und legt auch auf der anderen Seite eine Hahnenpfote, so daß der Knoten auf beiden Seiten gleich ist.

Abb. 276 Dieser Knoten entstand aus vier langen Schleifen, wobei die Parten in der Hahnenpfote nicht mit verarbeitet worden sind. Deshalb sieht man in der Mitte eine vierteilige Hahnenpfote. Auch in diesem Falle kann man den Knoten umdrehen und eine Hahnenpfote legen, so daß der Knoten von beiden Seiten gleich aussieht. Dies gilt auch für alle anderen Knoten auf dieser Seite.

Abb. 277 Dieser Knoten wurde aus drei langen Schleifen gelegt, die Parten sind in der Hahnenpfote mit verarbeitet, so daß man drei Schleifen sieht. In die Mitte kommt jedoch eine vierteilige Hahnenpfote.

Abb. 278 Diesen Knoten macht man wie folgt: man nimmt zwei sehr lange Enden und legt in der Mitte eines jeden Endes eine Bucht. Man hat dann zwei lange Buchten und davon ausgehend vier freie Parten. Damit macht man eine Hahnenpfote, so daß dieser Knoten zwei Schleifen sowie oben und unten zwei herauslaufende Parten hat. In der Mitte entsteht eine vierteilige Hahnenpfote.

Abb. 279 Dieser Knoten wird aus fünf langen Schleifen gemacht, die freien Parten sind in diesem Falle in der Hahnenpfote mit verarbeitet, so daß eine sechsteilige Hahnenpfote entsteht, und fünf Schleifen erscheinen.

Anwendungen

Zierschleifenknoten sind leicht zu machen und sehen sehr hübsch aus. Man kann sie als Applikationen wie als Verschluß- oder Tressenornament verwenden. Auch Weihnachtssterne, aus weicher Goldschnur geknüpft, sind sehr schön. Wenn man auf beiden Seiten eine Hahnenpfote macht, kann man die Knoten beidseitig benützen. Man kann die Schleifen auch noch viel länger ausfallen lassen und die Hahnenpfoten noch durchwirken, beispielsweise mit einem Schildknoten. Dann sieht der Knoten wieder ganz anders aus. Man hat unendlich viel Möglichkeiten, selbst zu experimentieren.

275

276

277

278

279

Der Hohenzollernknoten

Ein besonders dekorativ wirkenden Schleifenknoten, der viel auf preußischen Uniformen zu sehen war. Er sieht zwar schwierig aus, aber wenn man das Grundschema genau beachtet, läßt er sich viel leichter legen, als es auf den ersten Blick scheint.

Abb. 280 Man nimmt ein relativ langes Ende und legt es so, wie die Abbildung zeigt. Die Buchten und Schnittpunkte werden mit Stecknadeln sorgfältig auf einer weichen Unterlage befestigt. Der Knoten kann nun nicht mehr während des Knüpfens verrutschen.

Abb. 281 Nach dem Grundschema aus Abb. 280 wird der Knoten nun mit einer der freien Parten weiter geflochten und anschließend gedoppelt. Wie man sieht, wird dieser Knoten jedoch nicht gedoppelt, indem eine Part der anderen folgt, sondern die Part wird an sich selbst entlang zurückgelegt. Dadurch entsteht genau wie beim Achterknoten eine Schlaufe. Man muß genau den Schnurverlauf beachten!

Abb. 282 Hohenzollernknoten im Endzustand. Der Knoten wurde ganz gedoppelt. An der einen Seite entstand beim Doppeln eine Schlaufe, an der anderen Seite liegen die beiden herausführenden Parten nun eng beieinander. Man kann nun sowohl die Schlaufe wie die beiden Parten auf der Rückseite vernähen. Aber man kann auch – wenn man dafür sorgt, daß die beiden Parten lang genug bleiben – den Knoten durch andere Knoten erweitern. Man kann die freien Parten und die durchschnittene Schlaufe auch durch eine Stoffunterlage stecken, so daß der Knoten auf diesem Stoff fest aufsitzt.

Abb. 283 Um dieses sehr schöne Ornament zu bekommen, knüpft man zuerst einen Hohenzollernknoten. Dann knüpft man, seitenverkehrt, denselben Knoten noch einmal, wie es die Abbildung zeigt. Dasselbe gilt für andere Knoten, die man anhängt: sie werden symmetrisch auf beiden Seiten geknüpft. Die Part, mit der man den Knoten doppelt, muß zuerst als Schlaufe durch die Schlaufe des anderen Knotens gezogen werden. Hierdurch entsteht ein Ornament, das beispielsweise als Verschluß für einen Gürtel geeignet ist. Mit den freien Parten auf den beiden gegenüberliegenden Seiten könnte man weiter arbeiten. Man kann auch neue Schnüre anbinden, so daß man mit mehreren Parten weiter knüpfen könnte.

Anwendungen

Der Hohenzollernknoten wird zu den Schleifenknoten gezählt. Wie schon gesagt, wurde er früher viel als Ziertresse auf Uniformen verarbeitet. Auch heute kann man ihn als Applikation auf Kleidungsstücken nehmen oder ihn als Knopflochverzierung, Abschluß- oder Anfangsstück eines Gürtels oder dergleichen benutzen. Das dazu nötige Material hängt ganz allein von der Zweckbestimmung ab. Man kann diesen Knoten auch aus sehr dickem Material anfertigen und ihn dann beispielsweise als Fußmatte benutzen.

280

281

282

283

Doppelter Japanischer Schleifenknoten

Dieser Knoten ist sehr dekorativ und zeigt in der Mitte eine Hahnenpfote. Das Kuriose dabei ist, daß überhaupt keine Hahnenpfote geknüpft wird. Der Knoten wird nur auf eine ganz bestimmte Art gelegt, so daß zwar die Hahnenpfote entsteht, aber keineswegs so, wie man es bisher gewohnt war. Der Knoten sieht auf beiden Seiten gleich aus.

Abb. 284   Man nimmt ein langes Ende und legt es so, wie es im Grundschema der Abbildung zu sehen ist. Man steckt es sorgfältig auf weicher Unterlage fest, damit der Knoten beim Legen nicht verrutscht. Sodann werden beide Parten durchgeflochten, wie es die Pfeile angeben.

Abb. 285   Hat man das Grundschema aus Abb. 284 gelegt und die beiden freien Parten durchgeflochten, kann man den Knoten anziehen. Er sieht dann von beiden Seiten so aus, wie man es hier sehen kann.

Abb. 286   Dies ist genau derselbe Knoten wie in Abb. 285 mit dem Unterschied, daß hier mit zwei Schnüren gleichzeitig gearbeitet wurde. In diesem Fall muß man den Knoten zuerst sorgfältig nach dem Grundschema aus Abb. 284 hinlegen und darauf achten, daß die Schnüre schön glatt und eng nebeneinander liegen. Denn es ist ziemlich schwierig, einen solchen Knoten später noch in die richtige Form zu bekommen, wenn schon das erste Schema nicht exakt ist.

Abb. 287   Derselbe Knoten wie die vorherigen Beispiele, nur diesmal in drei verschiedenen Farben geknüpft. Das verleiht dem Knoten ein fröhlichbuntes Aussehen. Deshalb wird er auch als Miederschleife oder als Zierschleife auf Geschenkpaketen verwandt. Besonders deshalb, weil er auf beiden Seiten gleich aussieht.

Anwendungen

Der doppelte Japanische Schleifenknoten ist nicht gerade sehr einfach zu knüpfen, aber mit einiger Sorgfalt gemacht, bereitet er bald keine Schwierigkeiten mehr und gibt in jedem Fall eine besonders schöne Verzierung ab. Man kann ihn als Miederschleife, als festliche Verzierung oder auch als schleifenartiges Element beispielsweise in Spannrahmen verwenden oder damit irgendein anderes Werkstück besetzen. Man kann auch vorher Perlen auf die Schnüre reihen, sofern diese nicht zu dick sind. Dann erhält man ein Schleifen- und Perlenornament, das sich sehr schön als Haarschmuck macht, wenn man noch eine lange Haarnadel unternäht.

Französische Knoten

Die Französischen Knoten sind besonders dekorative Knoten die man – wie auch die Keltischen Knoten – zu den Flechtknoten bzw. Zöpfen zählt. Über ihren Ursprung weiß man wenig. Französische Knoten heißen sie deshalb, weil sie erstmals in Frankreich in größerer Stückzahl bekannt geworden sind. Sie sind den Keltischen Knoten und bestimmten östlichen Knoten sehr ähnlich.

Abb. 288   Dies ist der durchgewebte Französische Zweibogenknoten oder Zweibogenkreuzknoten. Man legt ihn wie folgt: in der Mitte eines Endes legt man eine Bucht. Die beiden Parten läßt man nach unten einander kreuzen, und zwar links über rechts. Es entsteht ein Kreuzauge. Diese Kreuzung wird mit einer Nadel durchstochen. Von nun an ist der Knoten sehr einfach. Beide Parten werden durchgeflochten, wie es die Abbildung zeigt. Man muß nur den Schnurverlauf sorgfältig verfolgen und die Schnittpunkte jeweils mit Nadeln durchstechen, damit sich nichts verschieben kann. Beide Parten kommen unten am Knoten aus den Buchten heraus. Man kann den Knoten auch noch doppeln, indem eine Part der anderen folgt.

Abb. 289   Dies ist das Schema des Französischen Birnenknotens; auch Uhrengewicht genannt. Man legt in einem Ende eine Bucht und achtet darauf, daß man eine sehr lange und eine relativ kurze Part erhält. Man legt das Ende mit der Bucht so hin, wie es die Abbildung zeigt, und zieht die kurze Part durch die Bucht durch. Die lange Part geht nun hinten an der Bucht vorbei, vorn über die Bucht hinweg und folgt dann sich selbst. Man muß nur darauf achten, daß die Part innerhalb des Knotens auskommt, wie es die Pfeillinie zeigt.
Wenn man wieder oben am Knoten angekommen ist, geht die Part vor der Bucht vorbei, dann dahinter, dann wieder nach vorn und wird dann wieder im Knoten rundherum gelegt. Man macht so weiter, bis der Knoten „voll" ist. Dann legt man die lange Part noch einmal nach vorn, holt sie durch die zuletzt übrig gebliebene Öffnung in der Knotenmitte und vernäht sie auf der Knotenrückseite. Die kurze Part wird in einer Schleife verarbeitet.

Abb. 290   So sieht der Französische Birnenknoten fertig aus. Ein sehr schöner, ornamentaler Knoten, der oft als Verzierung auf Damenkleidern verarbeitet wird. Auf Hüten werden sie häufig dort angeheftet, wo eine Feder eingesteckt wird. Den Federkiel steckt man in diesem Fall hinter den Knoten, so daß er versteckt wird.

Abb. 291   Dies ist der Französische Fünfbogenknoten. Vielleicht ist er keltischen Ursprungs, jedenfalls wurde er viel in Frankreich gesehen. Deshalb soll er hier als Französischer Knoten klassifiziert werden. Man beginnt mit einer Bucht, die in der Mitte eines Endes gelegt wird. Diese Bucht bleibt an der Oberseite des Knotens. Unten kreuzt man die Parten, daß ein Kreuzauge entsteht. Die Parten werden dann durch den Knoten hindurchgeflochten, wie die Abbildung zeigt. Man doppelt den Knoten zweimal, indem eine Part der anderen folgt. Dies ist ein relativ fester Knoten, der durch Doppeln nur noch fester wird. Beim Knüpfen tut man gut daran, ihn mit Nadeln zu befestigen.

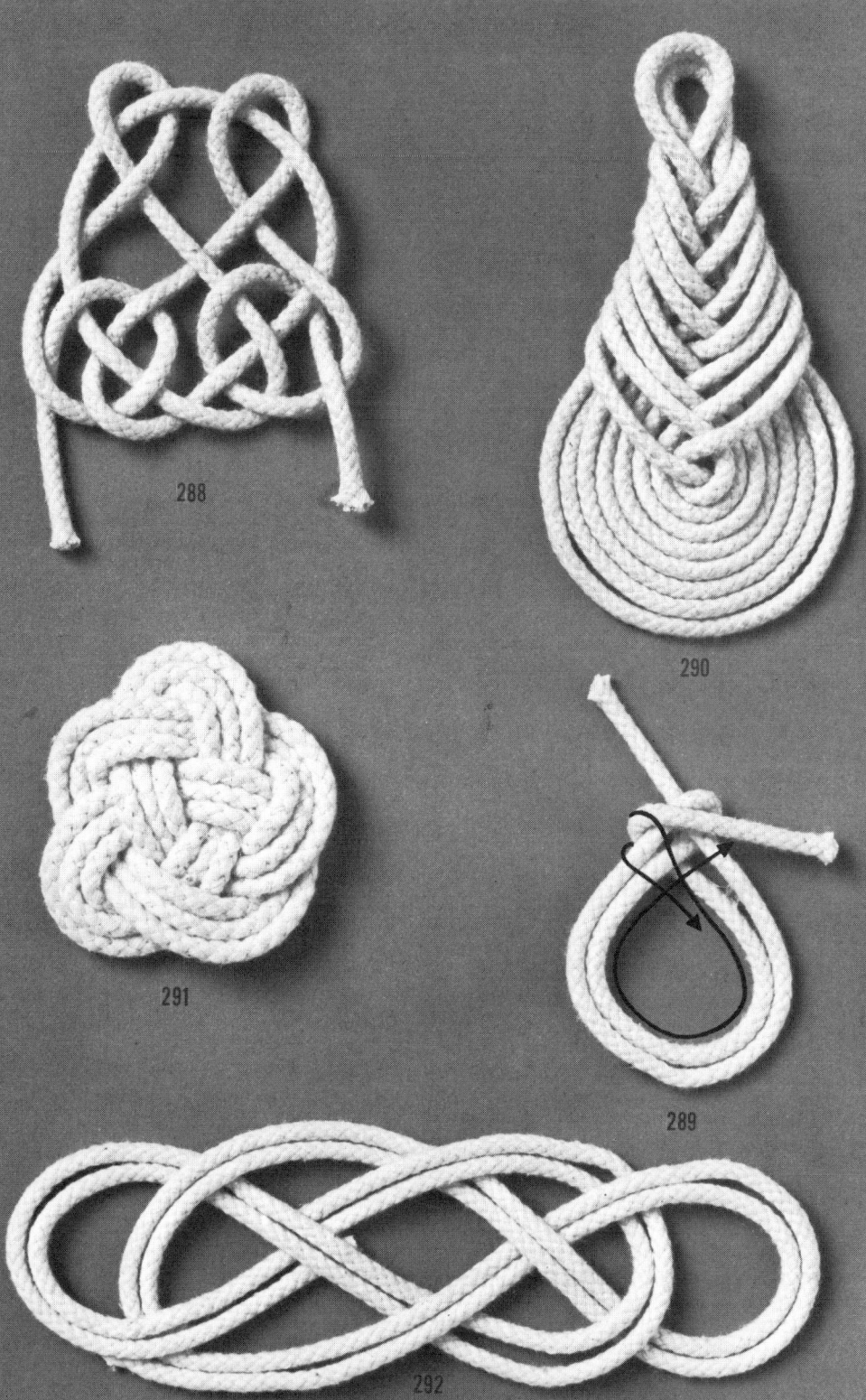

288

290

291

289

292

Abb. 292 Dies ist ein zweiteiliger Französischer Achterknoten. Er wird aus zwei Schnüren gemacht. Zuerst legt man in dem einen Ende eine Acht und doppelt sie. Die Buchten und Schnittpunkte werden mit Stecknadeln auf einer weichen Unterlage befestigt. Dann legt man mit dem zweiten Ende eine Acht durch das erste Ende hindurch. Auch diese zweite Acht wird gedoppelt. Man kann nun fortfahren beide Achten zu doppeln, bis zwischen den einzelnen Schnüren überhaupt kein Raum mehr ist. Dadurch wird der Knoten fest. Man kann ihn durchnähen und als Matte benutzen.

Anwendungen

Die Französischen Knoten kann man in der verschiedensten Weise verwenden. Der Birnenknoten wird besonders häufig auf Hüten, besonders Jägerhüten, und auf Damenkleidung verwendet. Die anderen Knoten kann man als Fußmatten oder Untersetzer gebrauchen. Die Materialauswahl hängt ganz vom Verwendungszweck ab.

SCHACHSPIEL

Dieses Schachspiel wurde aus eng geflochtener Baumwollschnur gemacht. Die Figuren bauen sich auf aus Hahnenpfoten, Schild- und Sternknoten. Sie sind sehr fest geknüpft, so daß sie keine zusätzliche innere Versteifung benötigen und von sich aus aufrecht stehen bleiben und die Form beibehalten.

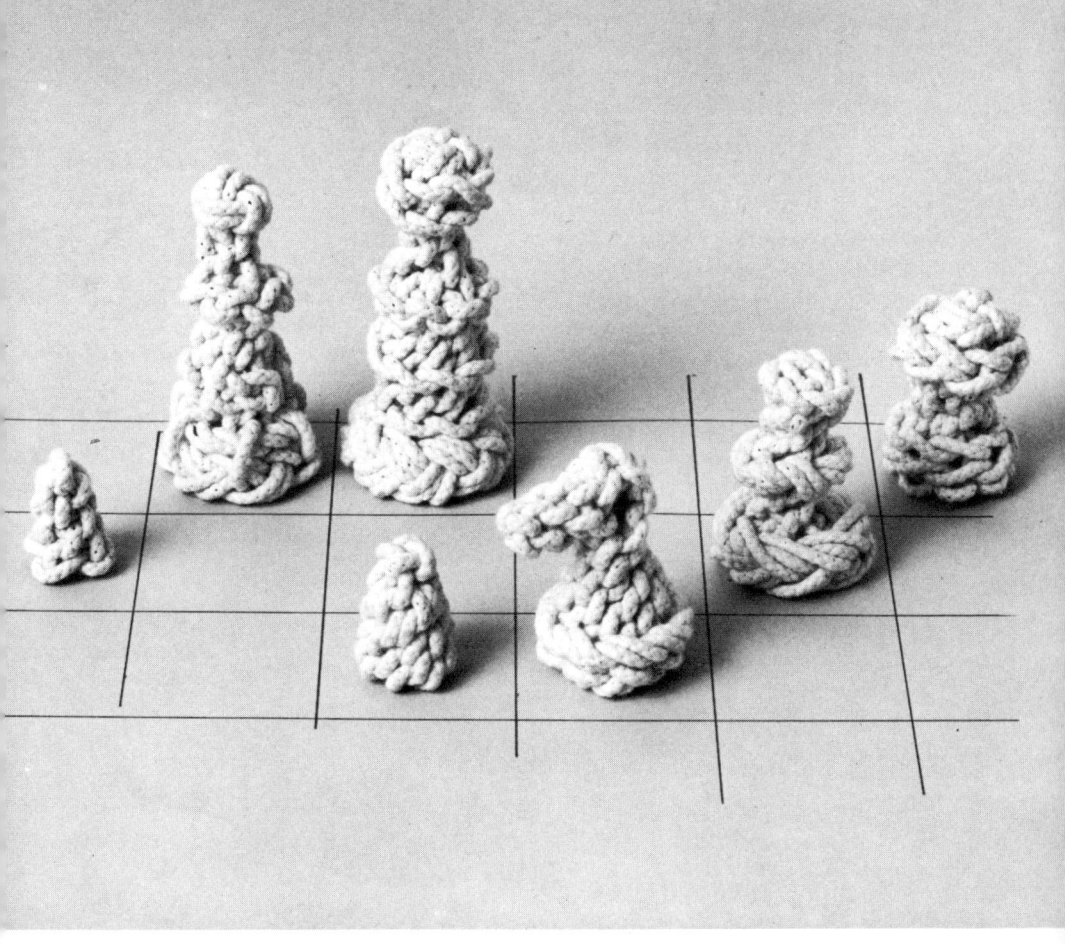

Der geflochtene Türkische Bogen

Dieser geflochtene Türkische Bogen wird auch häufig der Chinesische Zopf oder Chinazopf genannt. Dieser Knoten, oder besser gesagt Bogen, ist sehr einfach zu machen, wie übrigens alle Bogenknoten. Man kann sie endlos aneinander reihen und erhält dann sehr reizvolle Strukturen, ob man sie nun neben- oder untereinander macht. Die einzelnen Bögen sind leicht ineinander zu schieben und können alle möglichen Formen annehmen.

Abb. 293 Vorne an einem Ende legt man ein Kreuzauge und arbeitet nun mit einer der beiden Parten weiter. Neben dem ersten legt man ein zweites Kreuzauge und zwar so, daß die beiden Augen miteinander verflochten sind, wie es die Abbildung zeigt. Diese Reihe von Bögen (oder Augen) läßt sich endlos weiterführen.

Abb. 294 Wie in Abbildung 293 gezeigt wird, legt man eine Anzahl Bögen in Reihe hintereinander und biegt sie zu einem Kreis. Am besten ist es, jetzt alle Bögen und Schnittpunkte mit Stecknadeln auf einer weichen Unterlage zu befestigen, damit nichts verrutscht. Die eine Part läßt man nun der anderen folgen; dadurch werden Anfang und Ende der Bogenreihe miteinander verbunden und der Knoten wird gleichzeitig gedoppelt. Man kann auch mit dem Doppeln nach Belieben fortfahren, bis entweder nur noch wenig oder gar kein Zwischenraum mehr bleibt. Das ganze Gebilde wird dann sehr fest und kann als Fußmatte verwandt werden. Auch Peddigrohr, das man eine Nacht lang in Wasser stehen läßt, damit es schön biegsam wird, eignet sich sehr gut für solche Bögen. man kann sie dann als Untersetzer oder Tischsets benutzen.

Abb. 295 Man legt in ein Ende drei Kreuzaugen, die – wie in Abb. 293 zu sehen ist – miteinander verbunden sind. Die drei Bogen läßt man nach unten zeigen, so daß die beiden freien Parten an der Oberseite aus dem Knoten herausführen. Dann läßt man die eine Part der anderen folgen, wodurch die Bucht oben am Knoten entsteht. Wenn der Knoten auf diese Weise einmal ganz gedoppelt ist, wird der Kopf des Knotens noch zusätzlich zweimal gedoppelt, so daß nun vier Schnüre nebeneinander liegen. Um Festigkeit zu bekommen, wird der Knoten überall an den Schnittpunkten und an kritischen Stellen unsichtbar vernäht.

Abb. 296 Man legt drei Kreuzaugen in ein Ende, wobei man das mittlere Auge größer macht. Man legt den Knoten so an, daß die losen Parten unten herauskommen und doppelt ihn, indem eine Part der anderen folgt. Dabei entsteht unten am Knoten eine Extrabucht. Der Knoten ist zweimal gedoppelt.

Anwendungen

Dieser Türkische Bogen, auch Chinazopf genannt, ist besonders dekorativ und sehr leicht zu machen. Hiermit hergestellte Ornamente sind mannigfach anwendbar. Man kann solche Knoten als Applikationen verwenden, man kann sie auch ziemlich fest doppeln und dann als Fußmatte oder als Material für eine Tasche benutzen. Außerdem eignen sie sich als Tressen- oder Knopflochverzierungen.

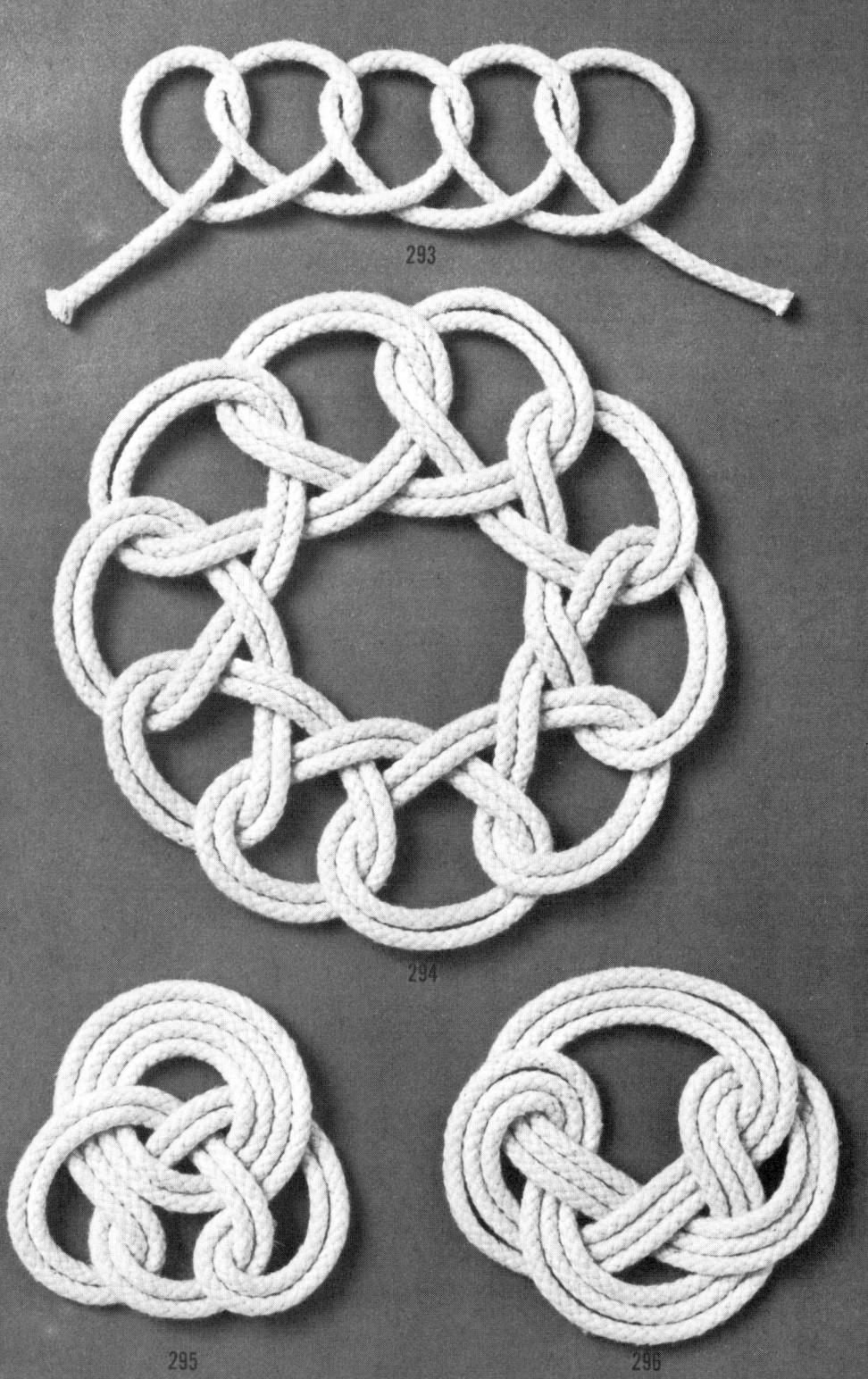

293

294

295

296

Chinesische Knoten

Nicht alle Chinesischen Knoten sind leicht zu machen. Doch die auf diesen Seiten gezeigten Beispiele bieten keine Schwierigkeiten. Es ist nur eine Frage der Sorgfalt und der genauen Beachtung des Schnurverlaufs. Man rechnet diese Chinesischen Knoten zu den Bogenknoten.

Abb. 297   Man legt in einem Ende zwei Augen direkt nebeneinander, wie es hier gezeigt wird. Zur Sicherheit werden die Augen festgesteckt.

Abb. 298   Man schiebt nun beide Augen übereinander.

Abb. 299   Dies ist der Knoten von Abb. 298. Der Unterschied allerdings: die beiden Buchten, die beim Übereinanderschieben der beiden Augen entstehen, liegen nun unten am Knoten. Die losen Parten kommen also oben am Knoten heraus. Die linke Part wird über die oben liegende Bucht hinweg gebogen und schräg nach rechts unten durch den Knoten hindurch geflochten. Die rechte Part wird unter der oben liegenden Bucht durchgebogen und schräg nach links unten geflochten. Beide Parten kommen nun unten am Knoten wieder zum Vorschein.

Abb. 300   Dies ist der Knoten aus Abbildung 299, aber jetzt ist er umgedreht, so daß die freien Parten wieder oben zum Vorschein kommen. Der Knoten ist gedoppelt worden, indem eine Part der anderen folgte, wodurch dann die Bucht oben am Knoten entstand.

Abb. 301   Genau derselbe Knoten aus Abb. 299, aber die oben herauskommenden Parten sind diesmal nicht aufeinander zugebogen worden, um einander zu folgen, sondern beide Parten wurden nach außen weggebogen und mit einem Extraschlag durch die Seitenbuchten hindurch geflochten. Schließlich kommen sie oben am Knoten wieder heraus, wo sie sich kreuzen. Die Parten sind dann wieder nach unten abgebogen, durch die Buchten (die durch die Extraschläge auf den Seitenbuchten entstanden sind) geflochten und dann noch durch die unten am Knoten liegenden Buchten. Sie kommen also wieder unten am Knoten zum Vorschein. Jetzt kann der Knoten gedoppelt werden.

Abb. 302   Eine Variante des Knotens aus Abb. 299. Hier ist der Knoten umgedreht, so daß die losen Parten oben am Knoten herausführen. Indem eine Part der anderen folgt, wurde der Knoten gedoppelt. Wenn der Knoten einmal gedoppelt ist, werden die Tampen nicht auf der Rückseite vernäht, sondern sie bilden eine Schlaufe und werden wieder in den Knoten hineingesteckt. Dort werden sie dann vernäht. Auf diese Weise kann man den Knoten gut als Knopflochverschluß verwenden.

Anwendungen

Diese Knoten sind seit alters her in China bekannt und werden noch heute als Verzierungen auf Kleidern, als Matten und in Bambusflechtwerk als Zierrat auf Möbeln verwendet. Sie sind besonders dekorativ und lassen sich aus den verschiedensten Materialien herstellen.

Chinesischer Dreibogenknoten

Bogenknoten sind relativ leicht zu legen, wenn man den Schnurverlauf in den Abbildungen genau befolgt. Hat man einmal das Grundschema eines Knoten hergestellt, läßt er sich ohne weiteres ausbauen. Es empfiehlt sich in jedem Fall, den Knoten auf einer nicht zu harten Unterlage zu befestigen, so daß er während des Knüpfens seine Form behält. Den geschlossenen Charakter dieser Knoten erzielt man durch Doppeln.

Abb. 303 Man legt in der Mitte eines Endes eine Bucht und läßt die freien Parten einander so kreuzen, daß ein Kreuzauge entsteht. Man biegt die Parten dann seitwärts auseinander und legt in jeder einen halben Schlag. Danach werden die Parten wieder auf das Kreuzauge zu gerichtet und damit so verflochten, wie es die Abbildung zeigt. Dies ist das Grundschema.

Abb. 304 Dies ist der Knoten aus Abb. 303 mit dem Unterschied, daß die losen Parten nach oben gebogen wurden, durch die Kreuzaugen an den Seiten und mit einem halben Schlag durch das oberste Kreuzauge geflochten sind. Dann folgt die eine Part der anderen, und der Knoten ist gedoppelt. Nun wird die Unterseite des Knotens etwas gerundet, damit die Flechtarbeit deutlicher zum Ausdruck kommt.

Abb. 305 Dies ist das Grundschema eines Dreibogenknotens, der wie folgt gemacht wird: In der Mitte eines Endes legt man ein Kreuzauge, biegt beide Parten nach außen und macht auf jeder Part einen halben Schlag, so daß symmetrisch zum ersten Kreuzauge wiederum Kreuzaugen entstehen. Dann flicht man die Parten durch die Kreuzaugen hindurch, wie die Abbildung es zeigt.

Abb. 306 Man legt in einem Ende das Grundschema von Abb. 305 und biegt die beiden Parten nach oben. Man flicht sie durch das oberste Kreuzauge und kreuzt sie dann so, daß über dem Auge wieder ein Kreuzauge entsteht, das mit dem ersten verflochten ist. Dann läßt man die eine Part der anderen folgen, so daß der Knoten gedoppelt wird. Dieser Knoten ist einmal gedoppelt. Man kann ihn aber auch mehrere Male doppeln und ihm damit mehr Festigkeit verleihen. Doppelt man nur einmal, muß man den Knoten überall festnähen, soll er seine Form nicht verlieren. Dasselbe gilt auch für den Knoten von Abb. 304.

Anwendungen

Diese Chinesischen Dreibogenknoten wurden und werden noch heute vielfach auf Kleidungsstücken und in Bambusflechtwerk auf Möbeln benutzt. Dazu eignen sie sich gut als Tressen- oder Knopflochornamente. Auch als Matten sind sie gut verwendbar, müssen in diesen Fällen allerdings einige Male gedoppelt und aus entsprechend steifem Material gearbeitet werden.

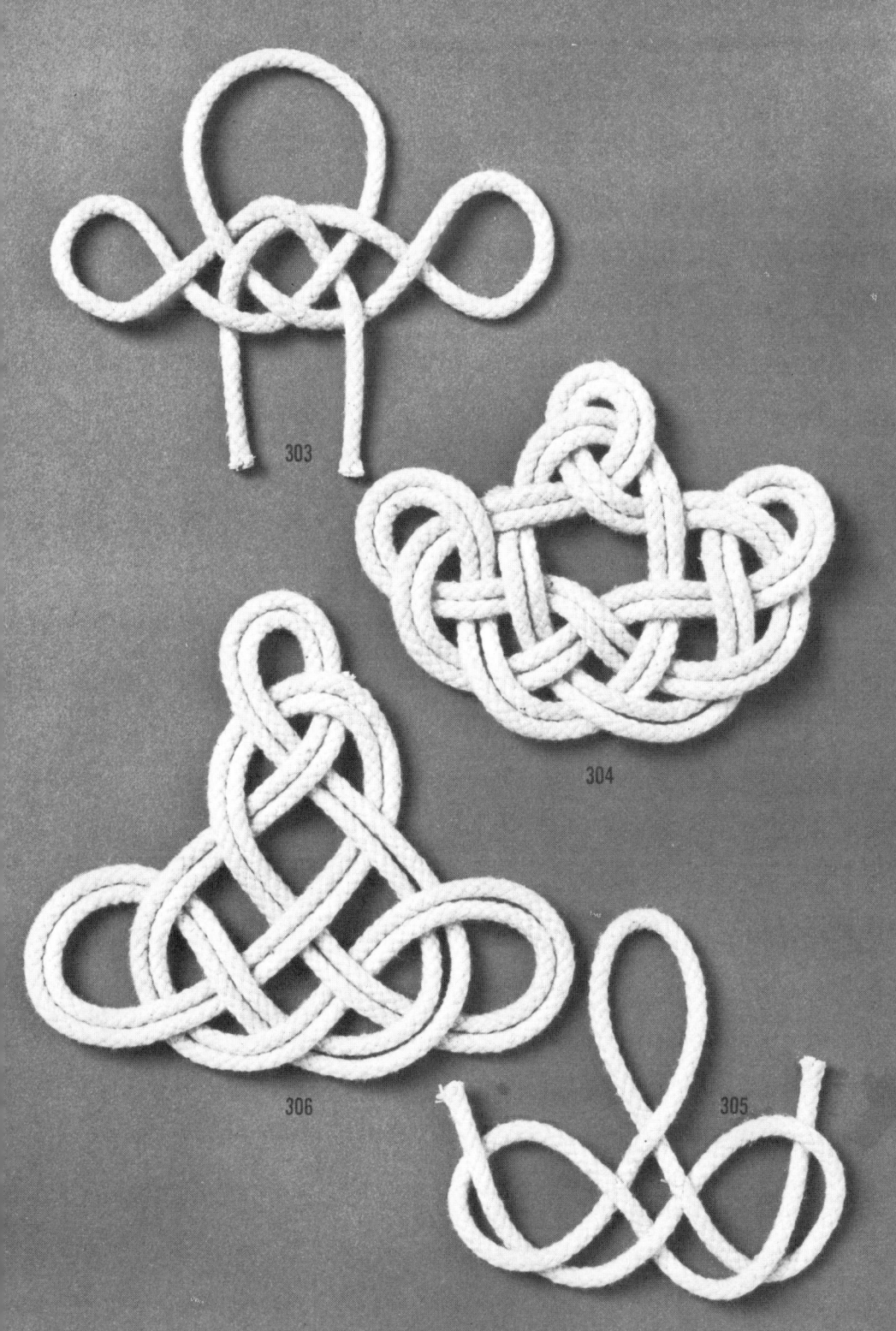

303

304

306

305

Japanische Zöpfe

Man kennt viele Japanische Flechtknoten (Japanische Zöpfe), die durchweg alle sehr dekorativ wirken. In Japan haben ganz bestimmte Knoten ihre besondere Bedeutung in religiösen Zeremonien. Man sieht sie deshalb auch häufig auf den Gewändern der Priester oder auf Ornamenten in den Pagoden. Auch auf Wandschirmen kann man sie sehen, während sie bei der Armee einen bestimmten Rang bedeuten und im Alltag oft ein Symbol darstellen für einen gewissen bürgerlichen Stand.

Abb. 307 Ein einfacher Zopf, der leicht zu legen ist, wenn man den Schnurverlauf beachtet. In der Mitte eines Endes legt man eine Bucht, anschließend legt man mit beiden Parten einen Flachknoten, wobei man darauf achten muß, daß die Flachknoten miteinander verflochten werden, indem man die Parten zuvor umeinander legt. (Vergleiche Abb. 90, das Kreuz des Südens).

Abb. 308 Dieser Knoten entsteht, wenn man das Grundschema von Abb. 307 erweitert. Man faßt die Buchten in der Mitte des Knotens und zieht sie durch die Seitenbuchten des Knotens, wie es die Pfeile in Abb. 307 zeigen. Man tut gut daran, den Knoten jeweils sorgfältig festzustecken.

Abb. 309 Dies ist der Knoten aus Abb. 308, doch nun einmal gedoppelt. Das geschieht automatisch, wenn eine Part der anderen folgt. Dabei entsteht auch die Bucht unten am Knoten.

Abb. 310 Auch dies ist ein Japanischer Flechtknoten (Zopf), der wie folgt gelegt wird: man legt das Grundschema, indem man zwei Buchten übereinander legt wie die Abbildung angibt.

Abb. 311 Mit dem Knoten von Abb. 310 als Grundschema läßt sich dieser Knoten weiter ausbauen. Wie in Abb. 310 durch die Pfeile angedeutet wird, verflicht man die Parten im Knoten und doppelt ihn, indem eine Part der anderen folgt. Das Ergebnis ist eine geflochtene Matte, deren Schnurverlauf man leicht erkennen kann.

Anwendungen

Diese Japanischen Flechtknoten oder Japanische Zöpfe haben für die Menschen im Land ihrer Herkunft oft eine religiöse Bedeutung. Wir kennen diese Bedeutung im Einzelnen nicht, können dafür aber die Knoten sehr gut verwenden auf Kleidern, Wandschirmen, Vorhängen, als Applikationen, in Spannrahmen, als Verschluß-, Tressen oder Knopflochverzierungen. Auch als Matte kann man sie benutzen, wenn man nur eine Reihe solcher Knoten zu einer größeren Fläche aneinander setzt. Wie sonst ist auch hier die Auswahl des Materials abhängig vom Verwendungszweck.

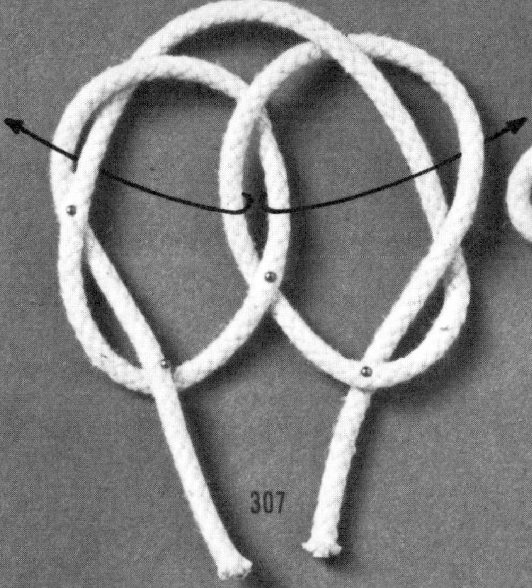

307    308

309

310

311

Bogen-, Aug- und Wurfleinenknoten

Knoten mit einem festen Auge

Augknoten werden zu vielen Zwecken benutzt. Sie können genau passend geknüpft werden um ein Rundholz oder einen anderen Gegenstand herum. Es ist nicht erforderlich, daß ein festes Auge haargenau irgendwo eng ansitzen muß. Manchmal ist es nämlich viel bequemer, ein solches Auge lose irgendwo einzuhängen, etwa um es über einen Poller oder einen Pfahl zu werfen.

Abb. 312   Dies ist ein gewöhnlicher Augspleiß. Man legt in einem Ende Tau eine Bucht und verbindet den Tampen sowie die feste Part provisorisch, indem man eine Schnur mit zwei halben Schlägen darum bindet. Der Tampen wird in seine Kardeele zerlegt, und die Kardeele werden in die feste Part eingespleißt (Siehe Abb. 71, 72 und 73). Soll der Spleiß schön dünn auslaufend bleiben, dünnt man die Kardeele entsprechend aus und hält den Spleiß entsprechend langgezogen. Dann werden die noch herausstehenden Kardeelereste abgeschnitten. Der provisorisch angelegte Takling kann entfernt werden.

Abb. 313   Dies ist ein verstärktes Auge, auch beschwertes Wurfauge genannt. Der Tampen wurde in Kardeele von etwa 30 cm Länge aufgeriffelt. Man klemmt sie zusammen und legt im Ende ein geschlossenes Auge. Der Teil des Tampens, der nicht in Kardeelen aufgeriffelt ist, wird mit einem Behelfstakling an der festen Part festgebunden. Dann werden die Kardeele mit Hahnenpfoten um das Auge herum gearbeitet, und zwar abwechselnd links und rechts herum, so daß eine Dreikantplatting entsteht. So macht man weiter bis man wieder an der festen Part angekommen ist. Dort macht man noch einmal ein paar Hahnenpfoten um die Part herum. Die Schnurreste werden zwischen Hahnenpfoten und fester Part weggesteckt. Man kann sie im Knoten verleimen oder erst wässern und dann trocknen lassen. Das so hergestellte Auge ist sehr stark und verhindert das Schamfielen eines Taus.

Abb. 314   Das ist ein Auge mit einem flachen Handgriff. Man dreht den Tampen eines Endes ein gutes Stück auf (etwa 25 bis 30 cm). Dazu benützt man dreikardeeliges Tauwerk. Man legt ein Auge und setzt einen Behelfstakling auf. Dabei darauf achten, daß eins der Kardeele längs der festen Part läuft! Mit den beiden anderen Kardeelen macht man wieder Flachknoten, abwechselnd links- und rechts um die Part herum. Die Reste werden unter einem Takling aus Segelgarn versteckt.

Abb. 315   Dies ist ein einfacher Augknoten. Man legt in einem Ende ein Auge, und zwar so, daß der Tampen nach oben zeigt. Nun wird der Tampen in Rundtörns sehr eng nach unten gearbeitet. Der Tampen wird in Kardeele aufgedreht, die man nun entweder in die feste Part einspleißt oder zwischen die Rundtörns hineinsteckt.

Abb. 316   Dies ist ein breiter Augknoten. Der Tampen eines Endes wird ein ziemliches Stück weit aufgeriffelt. Man legt ein geschlossenes Auge und besetzt es mit einem Behelfstakling. Dann geht man mit Flachknoten, abwechselnd links und rechts, um das Auge herum. In Makramee-Begriffen gesprochen: Man geht mit Jagdtaschenknoten um das Auge herum. Die Kardeelreste läßt man unter einem Takling aus Segelgarn verschwinden.

Abb. 317   Ein Augknoten mit Achterwindungen. Man riffelt den Tampen eines Endes in Kardeele auf, und zwar ein Stück von gut 30 cm Länge. Auch diesmal wieder wird dreikardeeliges Tau benutzt. Zwei Kardeele legt man gerade nebeneinander, mit dem dritten legt man achtförmige Windungen um die beiden anderen

312   313   314

315   316

317   318

herum. Wenn das Auge groß genug geworden ist, fügt man die drei Kardeele wieder zusammen. Man legt sie längs neben die feste Part und besetzt sie mit einem Takling aus Segelgarn. Man hat jetzt ein Auge, das nicht so leicht verrutscht, weil es eine etwas knotige Struktur hat. Und jedes Tau oder ein Rundholz, das man durch ein solches Auge steckt, wird nicht so schnell „ausrauschen", also herausrutschen.

Abb. 318 Dies ist ein flacher oder ein geflochtener Augknoten. Man riffelt den Tampen eines Endes auf in Kardeele von etwa 25 cm Länge und setzt einen Behelfstakling auf. Nun wird ein kräftiger Dreierzopf geflochten. Ist das Auge groß genug, fügt man die Kardeele wieder zusammen und legt sie neben die lange Part. Mit einem Takling aus Segelgarn werden Kardeele und Part zusammengebunden. Man hat nun ein Auge, das ziemlich dehnbar ist: denn ein Dreierzopf ist wie alle Zöpfe relativ stark ausdehnbar. Das hat den Vorteil, daß man ein solches Auge leicht irgendwo überstreifen kann, wenn es nur nicht zu groß ist, etwa über einen Gürtel, dessen Schnalle etwa genau so groß ist. Das Auge zieht sich dann um den Gürtel selbst wieder eng zusammen.

Anwendungen

Man kann solche Augknoten zu verschiedenen Zwecken benutzen, zum Beispiel als Knopfverschluß, oder als Aufhänger für einen Vorhang, wobei man durch eine Reihe von solchen Augen eine Stange schieben kann, um den Vorhang zu befestigen. In der Schiffahrt benutzt man solche Augen, um die Boote festzumachen. Auch hier gilt: Material wird nach Verwendungszweck ausgesucht.

ZÖPFE IN EINEM SPANNRAHMEN

Die teils lose, dann wieder sehr dicht gearbeitete Struktur in diesem Spannrahmen setzt sich aus vielen, miteinander verbundenen Zöpfen zusammen. Die einzelnen Zöpfe wurden gespleißt und wieder zusammengefügt, so daß ein reizvolles Spiel von Flächen und Linien entsteht. In den geflochtenen Strukturen ist das Spiel der verschiedenen Farben zu erkennen. Die ganze Arbeit wurde aus Smyrnawolle gemacht.

Wurfleinenknoten

Wurfleinenknoten nimmt man, um den Tampen eines Endes zu beschweren. Soll der Tampen also schwer genug sein, um ihn mit entsprechender Wucht schleudern zu können, muß ziemlich viel Material auf möglichst engem Raum konzentriert werden. Das Wort Wurfleine erklärt schon die Funktion dieses Knotens: würde man eine Leine oder ein Tau von sich weg werfen wollen, käme man nicht weit, weil der Tampen nicht genug beschwert ist. Richtige Wurfleinen müssen deshalb stets einen schweren Tampen haben. Außerdem verringert ein solcher Tampen die Gefahr, daß er demjenigen, der ihn auffängt, aus der Hand rutscht. Hier soll eine Seite mit Wurfleinenknoten vorgestellt werden.

Abb. 319 Man dreht den Tampen auf in einzelne Kardeele von etwa 25 bis 30 cm Länge. Das geht leichter, als wenn man zum Schluß mit nur sehr kurzen Stückchen arbeiten muß. Man hält den Tampen von sich ab nach unten, so daß die feste, die lange Part nach oben zeigt. Ist diese Part sehr lang, legt man sie sich einfach über die Schulter. Mit den Kardeelen arbeitet man nun um die feste Part herum mit halben Schildknoten (Siehe Abb. 152). Solange, bis man glaubt, es sei weit genug. Wie weit das ist, hängt ab von der Wahl des Materials, von der Stärke der Schnur oder des Taus. Ein dünnes Tau muß weniger weit umknotet werden als ein dickeres. Man achte also stets darauf, daß Material und Knotenlänge in einem richtigen Verhältnis zueinander stehen.
Die Reststücke der Kardeele steckt man in die Schildknoten hinein. Bei einem solchen Knoten ist es nicht möglich, die Enden zu verleimen. Er muß daher gut gewässert und – bei gleichbleibender Form – gut getrocknet werden.
Abb. 320 Dieser Tampen ist mit Hahnenpfoten umarbeitet (Siehe Abb.

149). Man hält den Tampen wieder von sich weg nach unten und die feste Part nach oben. Der Tampen wird in seine Kardeele aufgedreht. Mit den Kardeelen macht man die Hahnenpfoten um die Part herum. Die Schlußbearbeitung ist dieselbe wie beim Knoten von Abb. 319.

Abb. 321 Auch dieser Tampen ist umwickelt mit Hahnenpfoten, aber diesmal wurde die eine Hahnenpfote rechts, die nächste jeweils links herum gelegt. Dabei sieht man eine Hin- und Her-gehende Bewegung in den Hahnenpfoten, und es bildet sich ein dreikantiger Tampen, denn es wurde mit dreikardeeligem Tau gearbeitet. Würde man vierkardeeliges Tau nehmen, hätte man einen vierkantigen Tampen. Die Reste werden wieder wie in Abb. 319 versteckt.
Abb. 322 Man dreht den Tampen wieder in Kardeele auf von circa 30 cm Länge. Man hält ihn nach unten und knüpft eine Anzahl Hahnenpfoten. Danach zwei halbe Schildknoten, dann wieder zwei Hahnenpfoten, zwei halbe Schildknoten, zwei Hahnenpfoten und so weiter, bis daß der Tampen weit genug umwickelt ist. Man schneidet die Endstücke nicht zu kurz ab, steckt sie in die Knoten hinein, wässert das Ganze und läßt es formgerecht trocknen.
Abb. 323 Man dreht den Tampen in Kardeele auf von 30 cm Länge. Zuerst knüpft man eine Hahnenpfote. Mit zwei Kardeelen legt man einen geschlossenen Bogen oben vorbei. Das dritte Kardeel wird in Achterformen über die soeben gelegten Bögen hinweg gelegt, bis daß der Tampen lang genug ist. Das letzte Stück des dritten Kardeels wird durch die beiden Augen gesteckt, die man an der Unterseite stark anzieht, so daß sie das dritte Kardeel bekneifen. Schließlich macht man mit den beiden nach unten steckenden Kardeelen einen Takling um die feste Part herum. Die Reststückchen werden wieder wie in Abb. 319 verarbeitet.

319 320 321 322 323

324 325 326 327

Die nun folgenden Wurfleinenknoten sind etwas robuster als die obere Reihe.

Abb. 324   Man riffelt den Tampen 30 cm weit auf in seine Kardeele. Man legt ihn von sich ab nach unten und knüpft zwei oder drei Hahnenpfoten drum herum. Dann einen halben Schildknoten. Bevor man nun weiter knüpft, doppelt man zuerst den Schildknoten, dann die Hahnenpfote. So entsteht ein Fallreepknoten. Weiter gearbeitet wird mit Hahnenpfoten, bis der Tampen weit genug umwickelt ist. Die Kardeel-Reststücke steckt man in die Hahnenpfoten, wässert das Ganze und läßt es, auf gute Form achtend, wieder trocknen.

Abb. 325   Hier wurde mit dem ganzen Tau gearbeitet, d. h. der Tampen wurde nicht aufgeriffelt. Man legt ein geschlossenes Auge im Tau, so daß der Tampen noch eine Länge von 30 bis 35 cm hat. Hiermit wird nun sehr straff um die feste Part und das Auge herum bis nach oben gearbeitet. Dann steckt man den Tampen in die Schlinge, die oben herausschaut, und zieht mit der Part das Auge zu. Auch dieser Knoten wird entsprechend gewässert.

Abb. 326   Dieser Endknoten verbraucht sehr viel Material. Man hat mindestens eine Länge von 40 bis 45 cm nötig. Im Tampen macht man eine Bucht, so daß noch ein 30 cm langes Stück nach unten hängt. Damit wirkt man in achtförmigen Schlägen durch die beiden Aug-Parten hindurch. Oben angekommen schlägt man den Tampen durch das Auge und zieht ihn straff an. Weil noch sehr viel Material übrig, der Tampen also noch lang genug ist, dreht man ihn in drei Kardeelen auf. Mit diesen Kardeelen arbeitet man wieder nach oben – soweit, wie man es für richtig hält. Man hat dann einen sehr groben Knoten, der aber fest in der Hand liegt und nicht so schnell ausrauscht.

Abb. 327   Auch dieser Endknoten verbraucht viel Material. Er ist aus einem Flachknoten entstanden. Etwa 30 cm von der äußersten Spitze eines Tampen entfernt legt man einen Flachknoten in einem Ende. Diesen Flachknoten doppelt man, wie in Abb. 78 gezeigt wird. Ist die Dopplung fertig, schaut noch ein Stück Tau oder Schnur oben am Knoten heraus. Dieses Stück riffelt man in seine Kardeele auf, zieht diese durch die Keepen des Knotens und macht unterhalb des Knotens weiter mit Hahnenpfote. Man macht solange weiter, wie die Parten noch lang genug sind, um gerade noch zwischen die Hahnenpfote und die feste Part hineingesteckt zu werden. Der Knoten wird wieder entsprechend gewässert.

Anwendungen

Diese Wurfleinenknoten, die man an Tampen macht und die deshalb auch Endknoten heißen, sind sowohl funktionell wie auch dekorativ zu verwenden. Funktionell nimmt man sie, um eine Leine oder ein Tau zu beschweren, damit man besser damit werfen kann. Die Beschwerung bewirkt außerdem, daß man das Tau beim Auffangen besser in der Hand halten kann. Dekorativ sind diese Knoten obendrein, besonders dann, wenn man sie aus festerem Material knüpft. Man kann damit Verzierungen auf Vorhängen und auf Wandbehang und dergleichen anbringen. Auch als Verzierung auf Gürteln werden sie oft benutzt.

HALSKETTEN

Diese Halsketten wurden mit Josefinenknoten und Extraschlägen auf den Seitenbuchten gemacht. Außerdem wurden einfache Flechtknoten, Hahnenpfoten und Längscordon angewandt, zusätzlich noch Perlen verarbeitet. Zwei Ketten wurden aus Leder, die andere aus voll geflochtener Baumwollschnur gemacht.

Bogen- und Augknoten

Bogen- und Augknoten kann man einteilen in feste Bogenknoten und in solche, die in ihrer Länge variabel sind oder in vorläufige, d. h. für eine begrenzte Zeit zu machende Augknoten. Feste Bogenknoten haben eine sehr lange Schlaufe. Will man ein (kürzeres) Auge draus machen, kann man sie mit einem Achterknoten oder einem Flachknoten zu einem Auge verkürzen. Solche Bogenknoten kann man insofern als variabel bezeichnen, weil der Bogen darin zwar sehr fest ist, das Auge jedoch veränderlich. Veränderliche, also variable Bogenknoten kann man weiter oder enger machen, weil sie verschiebbar um die feste Part herum geknüpft sind. Das ist besonders dann von Bedeutung, wenn man zum Beispiel etwas zusammenschnüren will. In diesem Fall wird der Bogenknoten sehr lang gehalten. Man schlägt ihn um den betreffenden Gegenstand herum und zieht ihn fest bzw. immer enger, in dem Maß wie der Gegenstand zusammengedrückt wird. Ein solcher Bogenknoten, in diesem Fall eine Schlinge, kann später wieder leicht gelöst werden.

Abb. 328 Dies ist ein variabler Augenknoten. Man riffelt den Tampen in Kardeele von etwa 30 cm Länge auf. Dann legt man ein Auge in dem Ende und arbeitet die Kardeele mit Hahnenpfoten (Abb. 149) um die Part mit dem Auge herum nach unten. Dann zieht man die Kardeele an den Hahnenpfoten vorbei nach oben und setzt auf das Auge einen Takling. Die Reste werden kurz abgeschnitten.

Abb. 329 Dies ist ein ähnlich gemachter variabler Augknoten. In diesem Fall jedoch wurden die Kardeele zum Schluß mit einem Schildknoten und einer Hahnenpfote (dies ist der Fallreepknoten) verarbeitet und nochmal gedoppelt. Die Reste sind verleimt und abgeschnitten worden. Das Praktische an diesem Knoten wie an dem von Abb.

328 ist, daß sie variabel und verschiebbar sind.

Abb. 330 Ein fester Bogenknoten. Im Tampen eines Endes wird ein sehr großes Auge gelegt. Dann setzt man auf den Tampen und die feste Part einen Takling. Beide sind nun fest verbunden. Den nun sehr langen Bogen bzw. diese lang gestreckte Bucht kann man nun verkürzen. In diesem Fall geschieht es durch einen Achterknoten, wobei dann nur ein relativ kleines Auge bleibt.

Abb. 331 Ein behelfsmäßig verschiebbarer Augknoten. Man legt eine Bucht im Tampen eines Endes und macht zwei halbe Schläge um die feste Part. Der Makramee-Ausdruck wäre: man legt einen Cordon um die feste Part. Das Schlußstück des Tampens wird betakelt und hängt lose herab. Dies ist in erster Linie ein variabler Augknoten, denn der Knoten kann entlang der festen Part verschoben werden. Zweitens kann der Knoten jederzeit leicht wieder gelöst werden. Er bildet also nur eine zeitlich begrenzte, d. h. behelfsmäßige Befestigung.

Abb. 332 Ebenfalls ein zeitlich begrenzter, verschiebbarer Augknoten. Man legt eine Bucht im Tampen eines Endes. Mit diesem Tampen macht man einen halben Schlag mit halbem Gegenschlag um die feste Part herum. Einmal macht man den Schlag von oben nach unten, dann von unten nach oben. In Makramee ist das der Frivolitätenknoten. Auch hier bleibt der Knoten auf der festen Part verschiebbar und kann jederzeit wieder gelöst werden.

328   329   330

331   332   333

Abb. 333 Man riffelt den Tampen 20 bis 30 cm weit auf. Man legt ein Auge und setzt oberhalb der Kardeele einen provisorischen Takling. Nun werden die Kardeele mit Hahnenpfoten um die feste Part geknüpft. Zum Schluß werden die Kardeelreste in den Hahnenpfoten verleimt. Die feste Part ist deshalb nicht mehr im Knoten verschiebbar. Ist das Auge ziemlich groß ausgefallen, kann es mit einem Flachknoten, wie hier gezeigt wird, verkürzt werden.

Anwendungen

Alle diese Knoten kann man sehr gut beim Zusammenschnüren irgendwelcher Gegenstände benutzen, die man hochhieven oder transportieren muß. Zum Hieven sind sie sehr praktisch am Bau, weil sie fest auf den Balken – oder was man sonst hochheben muß, sitzen.

MAKRAMEE-ORNAMENT

Dieses Ornament entstand in Makramee-Technik. Die Struktur und das Farbenspiel entstanden aus der Technik der Makramee-Knüpferei. Als Material wurde Smyrnawolle genommen.

Endstücke

Diese Buchseite zeigt nur Endstücke aus schwererem Tauwerk. Solche Endstücke haben den Zweck, einen Tampen zu beschweren, damit man ihn werfen oder fester greifen kann, ohne ihn aus der Hand zu verlieren. Außerdem sind es besonders dekorativ wirkende Ornamente, die man genau so gut als reine Verzierung in einem Werkstück verwenden kann.

Abb. 334 Dieser Knoten wurde aus Kabelschlag-Tau gemacht. Man dreht den Tampen etwa 15 cm weit auf, womöglich auch etwas weiter. Das Tau zerfällt in seine Kardeele. Direkt unter der Stelle, wo die Kardeele auseinandergehen, setzt man einen Takling, so daß das Tau nicht weiter ausriffeln kann. Das lange Ende legt man sich über die Schulter und knüpft nun mit den Kardeelen eine Hahnenpfote. Dann dreht man das Ende um, so daß es nach unten hängt, und macht auch hier wieder eine Hahnenpfote, darauf noch einen halben Schildknoten. Die herausstehenden Kardeele steckt man durch die Buchten der zuerst gelegten Hahnenpfote, und zwar von unten nach oben. Man zieht sie fest an, verdünnt sie und schneidet sie ab. Um zu verhindern, daß die Kardeelreste sich wieder zurückziehen, wird der Tampen an dieser Stelle verleimt.

Abb. 335 Auch dieser Knoten wird aus Kabelschlag gemacht. Man dreht den Tampen ein Stück auf. Dann legt man die feste Part nach oben und legt ein paar Hahnenpfoten übereinander, die man sehr locker läßt. Man nimmt die Kardeelen zwei und zwei zusammen und legt damit Hahnenpfoten fest um die Part herum nach unten. Man steckt die Kardeele in die Hahnenpfoten, zieht sie fest genug an und schneidet die Reste ab. Mit Leim kann man verhindern, daß der Tampen sich aufzieht.

Abb. 336 Dies ist ein geflochtener Endknoten. Man dreht den Tampen eines vierkardeeligen Taues 20 cm weit auf, setzt einen behelfsmäßigen Takling auf und legt nun mit der festen Part von sich ab eine Hahnenpfote, dann einen halben Schildknoten und noch eine Hahnenpfote. Die Kardeelen werden durch die Parten des mittleren Schildknotens gesteckt, dann werden sie unter den Parten der zuerst gelegten Hahnenpfote durchgesteckt. Schließlich bringt man die herausstehenden Parten wieder nach oben und steckt sie in den Knoten, damit sie nirgendwo kreuzen.

Abb. 337 Dies ist ein Rosenknospenknoten. Der Tampen eines Endes wird in seine Kardeele aufgedreht. Man legt zuerst drei Hahnenpfoten, dann einen halben Schildknoten, dann noch eine Hahnenpfote. Sodann werden Hahnenpfote und Schildknoten gedoppelt. Zuletzt läßt man die Kardeelreste verschwinden, indem man sie in den Knoten hineinsteckt.

Abb. 338 Man riffelt den Tampen eines Endes in Kardeele von 15 cm oder länger auf. Um ein weiteres Aufriffeln zu verhindern, wird ein Behelfstakling aufgesetzt. Man legt die lange Part über die Schulter und knüpft eine Hahnenpfote. Dann einen halben Schildknoten, den man jedoch nicht zu fest anziehen darf. Dem folgt wieder eine Hahnenpfote, ebenfalls nicht zu fest angezogen. Nun wird der halbe Schildknoten gedoppelt, jedoch nicht wie gewohnt, sondern über Kreuz. Die Hahnenpfote wird ganz normal gedoppelt. Die Kardeele werden schließlich im Knoten weggesteckt, der Knoten mit Leim bestrichen.

Anwendungen

Diese End- oder Stopperknoten können auch als Wurfleinenknoten benutzt werden. Sie sind sehr dekorativ und kommen am besten zur Geltung, wenn man sie aus ziemlich dickem Tauwerk knüpft.

136

334

335

336

337

338

Buchtknoten

Buchtknoten haben stets eine Funktion. Man muß sie sowohl lose irgendwo überwerfen wie auch fest anziehen können. Sie werden so geknüpft, daß eine Schlaufe entsteht, die jedoch an derselben Stelle unverrückbar festsitzt. Auf dieser Buchseite sollen einige Beispiele vorgestellt werden.

Abb. 339   Dies ist, das kann man getrost sagen, der König aller Knoten. Im Niederländischen nennt man ihn den einfachen Buchtknoten. Im Deutschen ist er – vor allem in der Berufs-Seefahrt und der Sportschiffahrt – bekannt als der einfache Palstek. Er ist einfach zu legen und besonders zugstark. Das einmal gelegte Auge bleibt stets dasselbe, gleich groß und an derselben Stelle festsitzend. Man benutzt diesen Knoten oft für Arbeiten in luftiger Höhe oder zum Hochhieven von Gegenständen. Man beachte genau den Schnurverlauf – und der Knoten macht sich wie von selbst.

Abb. 340   Dies ist der Palstek von Abb. 339 straff angezogen.

Abb. 341   Dies ist der Französische Buchtknoten, auch Bootsmannstuhl genannt. Er ist noch um einiges praktischer als der Palstek, denn man kann zum Beispiel Arme oder Beine hineinstecken und sich dann hochziehen lassen, ohne daß die Schlinge einen ins Fleisch kneift. Den Schnurverlauf kann man leicht aus der Abbildung ersehen.

Abb. 342   Bootsmannstuhl aus Abb. 341 straff angezogen.

Abb. 343   Dies ist der Handschellenknoten. Man legt die Schnüre genauso, wie die Abbildung es zeigt, so daß nach oben zwei große Buchten liegen, nach unten zwei lose Parten, die man mit einem beliebigen Knoten zusammenbindet. Die beiden Buchten ziehen sich nun zusammen, wenn man unten an den Parten zieht. Man benutzte diesen Knoten früher, um Gefangene gefesselt abzuführen. Sie mußten dann ihre Hände in die beiden Buchten stecken,
und unten wurde die Fessel straff gezogen.

Abb. 344   Der doppelte Bootsmannstuhl. Der Knoten ist genau gleich dem von Abb. 342, allerdings in diesem Fall mit zwei Schnüren gleichzeitig gearbeitet, so daß vier Buchten entstehen. Der Vorteil liegt auf der Hand: um sich hochziehen zu lassen, kann man hier beide Beine und beide Arme hineinstecken.

Anwendungen

Buchtknoten, Palsteks und Bootsmannstuhl benutzt man, um Gegenstände oder – auf Schiffen – einen Mann hochzuhieven. Der Palstek vor allem wird auch benutzt, um Leinen miteinander zu verbinden oder Boote festzumachen. Alle diese Knoten haben eins gemeinsam: sie sind in erster Linie rein zweckgebunden. Man kann damit Leinen lose irgendwo überwerfen, man kann die Buchten so bekneifen, daß sie irgendwo fest und unverrückbar sitzen – ein Effekt, den man sich am Bau, in der Schiffahrt oder bei der Bergsteigerei zunutze macht.

339

340

341

342

343

344

Makramee-Knoten

Die Technik des Makramee-Knüpfens ist schon sehr alt, sie wird sowohl dekorativ wie zweckgebunden eingesetzt Funktionell verwendet, lassen sich mit Makramee vielerlei Dinge wie Taschen, Jacken oder Körbe herstellen. Rein dekorativ macht sich Makramee sehr gut als Wand- und Fensterschmuck oder in anderen Verzierungen. Sogar räumlich geknüpfte Kompositionen sind gebräuchlich. Die Knoten der Makramee-Technik sind an anderer Stelle in diesem Buch schon vorgestellt worden. Hier noch einmal zusammenfassend vorgestellt, sind sie also keineswegs neu, sondern nur noch einmal in reiner Makramee-Technik vorgeführt.

Abb. 345 Dies ist der Flachknoten, von rechts her gelegt. Dazu nimmt man vier Enden, zwei weiße, ein graues und ein schwarzes. Mit der schwarzen und der grauen Schnur werden nun jeweils von rechts her Flachknoten um die beiden weißen Schnüre in der Mitte gelegt. Man bekommt dann eine Quaste, die eine Drehung von rechts oben nach links unten erkennen läßt. Seemännisch heißt ein solches Knotenstück eine Schraubenplatting.

Abb. 346 Ein Flachknoten von links aus gearbeitet. Man geht genau so vor wie bei Abb. 345, muß in diesem Fall jedoch von links aus knüpfen. Die Quaste zeigt infolge dessen die Drehung von links oben nach rechts unten (Siehe auch Abb. 173).

Abb. 347 Der Jagdtaschenknoten (Siehe auch Abb. 172). Man nimmt wieder vier Schnüre und macht Flachknoten, einmal von rechts her, dann wieder von links. Die Quaste hat nun keine Drehung mehr, sondern bleibt flach liegen. Seemännisch gesprochen ist es eine Flachplatting.

Abb. 348 Dies ist der Längscorden. Man nimmt zwei Schnüre und legt die eine mit halben Schlägen um die

andere, die man straff gespannt hält. In diesem Fall wurde mit zwei verschieden farbigen Schüren gearbeitet. Man sieht deshalb besser, welche Schnur straff bleibt und welche die Schlingbewegungen macht. Seemännisch gesprochen: die scharfe Schraubenplatting.

Abb. 349 Dies ist ein Frivolitätenknoten. Man nimmt zwei Schnüre verschiedener Farbe und legt die eine jeweils mit halben Schlägen um die andere. Man achtet allerdings darauf, daß die Schnur einmal vor, einmal hinter der anderen läuft (Siehe auch Abb. 177).

Abb. 350 Dies ist der Ramschknoten, seemännisch auch Getreideknoten genannt. Dabei fungieren beide Schnüre als Arbeitsschnur. Zuerst legt man mit einer Schnur einen halben Schlag, dann legt man diesen halben Schlag mit der zweiten Schnur. Bei den Knoten aus den Abb. 348 und 349 war jeweils nur eine Schnur die Arbeitsschnur, die andere blieb straff gespannt. Im Gegensatz dazu sind in diesem Fall alle beide die Arbeitsschnur.

Anwendungen

Es würde den Rahmen dieses Buches sprengen, die Makramee-Technik in allen Details aufzuzeigen. Dazu nimmt man besser eins der mit diesem Thema sich speziell befassenden Bücher. Hier nur soviel: Makramee-Arbeit baut sich aus bestimmten Strukturen auf, die aus Faden- und Schnurgebilden bestehen. Weiter ausgebaut, erzielt man jene typische Struktur, die sich zur Herstellung von Jacken, Taschen, Schmuckornamenten und räumlichen Kompositionen verwenden läßt.

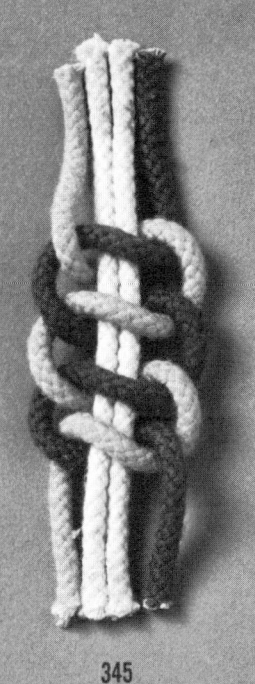
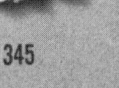

345

346

347

348

349

350

Hier noch einige Knoten für die Makramee-Technik.

Abb. 351 Dies ist das Grundschema des Josefinenknotens. Man nimmt zwei Enden und legt sie so, wie die Abbildung zeigt, aufeinander.

Abb. 352 Ist das Grundschema von Abb. 351 gelegt, kann man die Parten miteinander verflechten. Man achte genau auf den Schnurverlauf, und alles ist halb so schwer. Genaugenommen, ist der Josefinenknoten ein Zopf. Beginnt man diesen Knoten mit einer Bucht, heißt er Victoriaknoten (Siehe Abb. 184). Man tut gut daran, den Knoten bei der Arbeit mit Stecknadeln auf einer nicht zu harten Unterlage festzustecken, damit er sich nicht verschiebt. Man kann ihn ein- oder mehrere Male doppeln, denn dadurch wird er fester. Allerdings kann er nur wenig Zugkraft vertragen, er zieht sich nämlich sonst zu einem unentwirrbaren Knäuel zusammen.

Abb. 353 Dies ist eine ganze Reihe von Josefinenknoten hintereinander. Dazu nimmt man zwei Enden und legt einen Knoten an den anderen. Auf diese Weise läßt sich aus Josefinenknoten eine komplette Rosette flechten.

Abb. 354 Hier wird der Breit-Cordon erklärt: Man bindet zweimal zwei Schnüre in zwei Rundtörns an einer Stange fest, und zwar so nebeneinander, daß man zwei Schnurgebilde erhält, die jeweils vier Parten lose hängen lassen. Mit diesen losen Parten macht man nun den Breit-Cordon. Und zwar folgendermaßen: vom linken Schnurgebilde nimmt man die ganz rechts hängende Schnur und legt sie über die anderen drei Schnüre hinweg. Nun werden diese drei Schnüre in doppelten Rundtörns um die obenauf liegende dritte Schnur gewickelt, wie die Abbildung es zeigt. Dabei ist darauf zu achten, daß man die dritte Schnur straff hält. Alle Knoten müssen auf dem „Leitfaden", das ist diese dritte Schnur,

verschiebbar sein. Mit einem solchen Breit-Cordon läßt sich eine Menge anstellen. Es ist ein in sich sehr fester und steifer Knoten, der häufig benutzt wird, um einem Werkstück größere Festigkeit zu geben.

Anwendungen

Der Josefinenknoten ist seinem Wesen nach ein Zopf (Flechtknoten) und verträgt wenig Zugkraft, weil er sich dann zusammenziehen würde. Man kann ihn etwas verstärken bzw. versteifen, indem man ihn einige Male doppelt. Vom Josefinenknoten lassen sich viele andere Knoten ableiten, wie es das Kapitel „Varianten des Josefinenknotens" zeigt. Auch in der Makramee-Technik wird dieser Knoten häufig benutzt, vor allem als Schmuckelement in irgendwelchen Werkstücken. In solchen Fällen zieht man ringsum noch andere, feste Knotenstrukturen, damit der Josefinenknoten selbst keinem Zug ausgesetzt ist. Der Breit-Cordon dagegen kann eine Menge Zug vertragen. Er ist ein sehr steifer Knoten, der gerade deshalb oft benutzt wird, um einem Werkstück Festigkeit zu geben. Man kann sehr kompakte Strukturen damit anlegen.

Zum Schluß
Mein Dank gilt der Bibliothek des Amsterdamer Schiffahrt-Museums, allen anderen Helfern, die mich bei meiner Arbeit unterstützt haben, ganz besonders aber Annet Boskamp und Ria Out, die mir ihre Werkstücke zur Verfügung stellten (Abb. Seite 29 und 125).

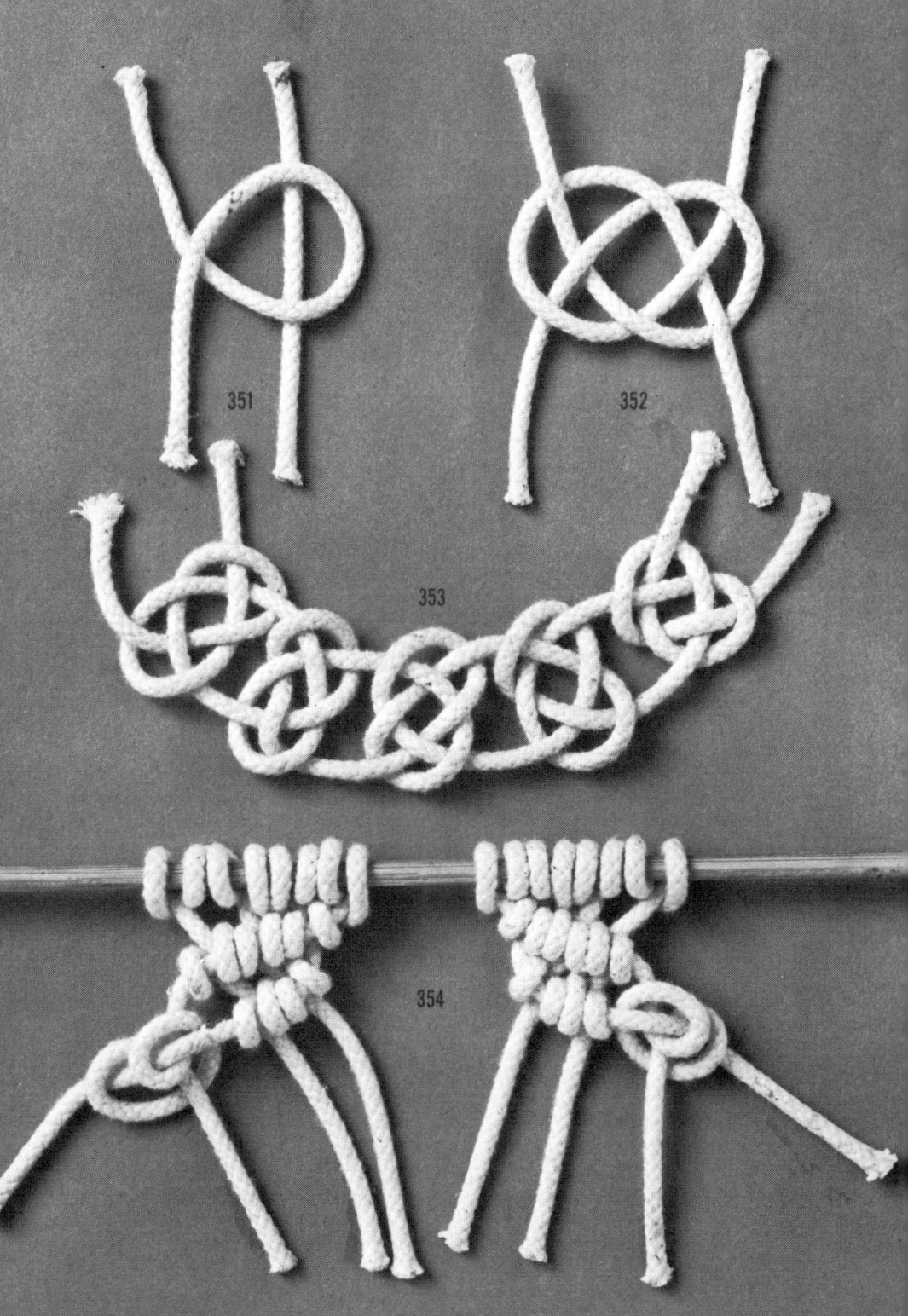

351

352

353

354

Im gleichen Verlag sind erschienen:

Batiken

von Joke van Veen. 70 Seiten mit 4 Farbtafeln, 28 schwarzweißen Abbildungen und 2 Zeichnungen.

Eine preiswerte, aber dennoch ausführliche Anleitung für jeden, der dieses uralte Handwerk erlernen möchte. Die einfache Technik des Druckens mit Gummi und Wachs wird anhand von vielen Fotos genau beschrieben, und zwar für das Bearbeiten von Papier und Stoff ebenso wie von Leder und Holz. Die hier gezeigten Entwürfe für Kleidung, Kissen, Lampenschirme, Taschen, Schals, Hüte und Wandbehänge sind in erster Linie Musterbeispiele mit dem Ziel, die eigene Technik zu vervollkommnen, um dann im freien Entwurf selbst schöpferisch tätig zu werden.

Makramee

von **Mary Walker Phillips**. Eine vollständige Einführung in die Knottechnik. 128 Seiten mit 30 farbigen, 65 schwarzweißen Abbildungen und 45 Zeichnungen. Pappband. 2. Auflage.

,,Das Buch ist für Anfänger und Fortgeschrittene gleichermaßen geeignet. Von der Definition des Wortes Makramee bis zum Entstehen und zur Geschichte dieser Knoten-Technik liefert die Autorin interessante Einzelheiten und Wissenswertes über Fertigkeiten und Gebrauch dieser Handarbeits-Erzeugnisse. Die Ausrüstung mit Garnen und Instrumenten werden in einem gesonderten Kapitel behandelt. Eine klare Übersicht mit Vorschlägen für die ersten Arbeiten mit den verschiedenen Techniken ist angeschlossen. Die Variationen sind vielfältig, lassen aber der eigenen Phantasie und dem kreativen Leisten genug Spielraum. Es ist ein Buch, das in seiner Anregungsfülle kaum ausschöpfbar ist. So reichhaltig und umfassend ist es angelegt und über seinen ganzen Umfang hin durchgeführt.''
Deutsche Tagespost